图书在版编目（CIP）数据

解码沪苏通长江公铁大桥 / 沪通长江大桥建设指挥部，《国家交通重大工程档案》编辑部，中国铁道学会编著. —北京：人民交通出版社股份有限公司，2022.6
ISBN 978-7-114-17902-0

Ⅰ.①解… Ⅱ.①沪… ②国… ③中… Ⅲ.①铁路公路两用桥—桥梁工程—江苏 Ⅳ.①U448.12

中国版本图书馆 CIP 数据核字（2022）第 052799 号

Jiema Hu-Su-Tong Changjiang Gongtie Daqiao

书　　名： 解码沪苏通长江公铁大桥
著 作 者： 沪通长江大桥建设指挥部　《国家交通重大工程档案》编辑部　中国铁道学会
责任编辑： 韩亚楠　齐黄柏盈
责任校对： 赵媛媛
责任印制： 刘高彤
出版发行： 人民交通出版社股份有限公司
地　　址： (100011)北京市朝阳区安定门外外馆斜街3号
网　　址： http://www.ccpcl.com.cn
销售电话： (010)59757973
总 经 销： 人民交通出版社股份有限公司发行部
经　　销： 各地新华书店
印　　刷： 北京地大彩印有限公司
开　　本： 787×1092　1/16
印　　张： 19.25
字　　数： 277千
版　　次： 2022年6月　第1版
印　　次： 2022年6月　第1次印刷
书　　号： ISBN 978-7-114-17902-0
定　　价： 160.00元

解码沪苏通长江公铁大桥

沪 通 长 江 大 桥 建 设 指 挥 部
《国家交通重大工程档案》编辑部　编著
中　　国　　铁　　道　　学　　会

人民交通出版社股份有限公司
北　京

《解码沪苏通长江公铁大桥》编委会

编写组组长： 马福海　汤晓光

执行副组长： 张贵忠

编写组成员（按姓氏笔画排序）：

王远立　王锡来　田建国　宁朝新　朱津军
朱　颖　刘延宏　刘晓光　江京平　汤忠国
李军堂　李骄阳　杨昌维　佟小鲲　宋宇亮
张金涛　张翠玲　张燕飞　陈　涛　赵东波
赵　钰　胡　勇　查道宏　施鸿炜　洪学英
栾寿福　高　勇　郭　辉　唐　启　戴福忠

图片摄影（按姓氏笔画排序）：

王健达　朱德明　许丛军　吴建东　陈一凡
周建国　徐小欣　虞　明　薛正权　等

编者的话

为系统总结沪苏通长江公铁大桥建设中科技和管理创新的领先点，提炼实用途径和手段，大力弘扬“科技创新展奇迹、管理创新建精品、文化创新铸精神”的精神，深刻认识我国铁路发展进程中举国体制的优势，我们编写了这本《解码沪苏通长江公铁大桥》以飨读者。

伴随着大规模铁路建设推进，长江铁路大桥的建设波澜壮阔，纪录不断刷新。在长江干流绵延近3000km的江段上，已有7座铁路桥、12座公铁两用桥如彩虹横跨长江南北，为一个充满繁荣发展活力的流动中国加油喝彩！2014年3月1日动工建设，2020年7月1日胜利通车运营的沪苏通长江公铁大桥，为这幅长江流域桥梁建设壮丽画卷增添了浓墨重彩的一笔。沪苏通长江公铁大桥是中国铁路推行桥梁建设标准化管理的示范工程，是代表中国国家形象的名片工程，是助推我国实现由“桥梁大国”向“桥梁强国”转变的标志性工程。

沪苏通长江公铁大桥建设坚持以开放的胸怀学习借鉴国际先进理念和技术成果，以关键技术自主创新、科技成果转化应用为己任，牢牢把创新的主导权、发展的主动权掌握在自己手中，为中国铁路科技自立自强提供了一个成功范例。大桥采用主跨1092m的钢桁梁斜拉桥结构，是中国自主设计建造、世界上首座跨度超千米的公铁两用斜拉桥，其设计建造技术实现了五个“世界首创”：千米级公铁两用斜拉桥设计建造技术世界首创、2000MPa级强度斜拉索制造技术世界首创、

1800t 钢梁架设成套装备技术世界首创、15000t 巨型沉井精准定位施工技术世界首创、基于实船—实桥原位撞击试验的桥墩防撞技术世界首创，在我国乃至世界铁路桥梁建设史上具有里程碑意义。大桥实现 3km 范围防撞主动预警，有效保证桥梁和船舶安全；满足用户高速上网、高清语音通话、VR/AR 等 5G 应用需求，同时可升级 5G 独立组网（SA），实现低时延、大连接等工业物联网应用；先进的桥梁健康监测系统，实现了轨道线路、桥梁结构、行车状态三位一体的综合监测模式，能够根据监测数据进行自动分析和报警，对于人工不易到达的部位，可采用视频图像识别的方法发现病害。这一系列技术创新成果，是铁路建设者、科技工作者劳动创造和智慧的结晶。

2016 年 1 月，习近平总书记在重庆召开推动长江经济带发展座谈会，明确提出当前和今后相当长一个时期，要把修复长江生态环境摆在压倒性位置，共抓大保护，不搞大开发。[①] 沪苏通长江公铁大桥的建设全面贯彻新发展理念，走出了一条生态保护、绿色环保与品质工程、经济发展融为一体的发展之路。铁路建设者和科技工作者把生态保护理念贯穿于大桥建设全过程，采取最为严格的生态保护和水土保持措施，强化施工管理，创新工艺工法，努力打造绿色工程，在世界级工程跨越天堑的同时保护好长江生态环境，保障黄金水道畅通；选择以主跨 1092m 大跨度过江的方案，最大限度降低对长江水道通航影响；推进“大型化、标准化、工厂化、装配化”施工，在船坞里生产主航道桥沉井基础，而后浮运至施工位置进行组装，与以往大桥施工现场打桩相比，对航道影响小，减少了噪声污染，避免泥浆流入

① 修复长江生态环境已成压倒性任务——长江经济带共抓大保护　新进展　新成效，新华网客户端，2020-01-05。

长江、污染水质；优化施工作业和工艺工法，减少泥浆、废渣、污水排放；建设完善的排水系统和垃圾处理设施，加强船舶作业管理，减少施工、生活污水排放；聘请第三方机构在施工区域内设置水质监测点，对长江河床、水文、泥沙等情况进行动态检测，确保各项监测数据合格；加强长江渔业资源和水生动物保护，采购100万尾鱼苗，在长江南通段增殖放流，对保护长江渔业资源、修复生物多样性起到重要作用。

沪苏通长江公铁大桥的建设、运营服从服务于国家发展战略，有效带动产业结构优化升级，助力长江经济带高质量发展，使铁路的综合交通运输骨干地位得以进一步凸显。大桥建设需要研发新的钢材，制造大吨位的设备，综合运用新的技术和工艺，由此带动了2000MPa级平行钢丝、Q500qE桥梁钢板等在桥梁行业内的广泛应用，带动了相关产业链的发展和进步；促成了1800t架桥起重机的研发，填补了行业空白，推动我国工程材料、工业装备、建桥技术实现巨大提升。沪苏通长江公铁大桥位于长江下游最东端，是距入海口最近的铁路过江通道，向北连接渤海湾和京津冀城市群，向南由沪苏通铁路接入上海，通过东南沿海通道联系珠三角城市群，作为集高速铁路、高速公路、客货混线铁路于一体的过江大通道、大动脉，大大提升了铁路过江运输能力，对提升区域铁路、公路路网水平，优化运输组织方案，完善交通运输结构、降低社会物流成本具有重要意义，有效促进长三角城市群跨江融合、协同发展，有力助推长三角区域一体化发展，为实现长江经济带高质量发展、可持续发展提供了有力支撑。

“拼搏和奋斗是打开未来之门的钥匙。”无论是大桥的规划、选址、施工建设还是开通运营，建设者们认真贯彻习近平总书记对铁路工作的重要指示批示精神，始终以贯彻新发展理念，服从服务于新发展格局为根本，立足国家发展战略和铁路中长期发展规划，聚合各方智慧、资源，塑造了沪苏通长江公铁大桥这一座铁路高质量发展的历史丰碑，充分展示了我国铁路人的家国情怀、天下胸襟、高瞻远瞩和责任担当。2004 年沪苏通长江公铁大桥规划时，时任铁道部副部长的陆东福同志明确要求："沪通铁路是国家铁路干线的重要组成部分，要重点考虑国家战略的落实。大桥是关键节点，要把这个关乎全局的事情做好。"在选址问题上，他从综合交通运输体系现代化的高度出发，提出："通道资源很宝贵，桥位的选址如果有利于水运、公路、城际列车共用，可以优先考虑！"在充分听取水利专家、桥梁专家意见后，他强调："桥位选址是大事，是百年世纪工程，在这个上面多花一些时间是必要的。因为有不同意见，所以要充分听好，比选好！还是要尊重科学。"在确定桥址最后方案时，他展现了决策者的果敢坚毅和共产党人的担当气魄："现在需要担肩膀的时候，要把好事办成，总是要担一些风险的。""经过充分论证后，沪苏通大桥不是没有风险的，该担的还是要担！""要对党和国家负责，质量一点不能大意！这个大桥挑战性极大，一定要严谨务实，做百年优质工程！"2013 年 3 月 13 日，他发烧到 39℃，在医院输液后直接奔赴开工动员大会，带病检查桥址工地的各项准备工作，就质量和安全问题提出了明确的指示和要求。2019 年 11 月 2 日，他再次赴沪苏通长江公铁大桥调研，站在 330m 主塔顶询问大桥建设情况，对大桥建设者表示慰问，要求国铁集团工程管理中心和上海局科学计划施工组织，研究 2020 年高质量开通方案……党中央的英明领导，决策者的科学驾驭，科技人的锐意创新，建设者的辛苦劳动，共同谱写了沪苏通长江公铁大桥建设勇攀高峰、敢为人先的交响曲。

一座桥是一座丰碑，记录着时代的辉煌。沪苏通长江公铁大桥是中国铁路奋斗历程新的里程碑，是中华民族伟大复兴事业欣欣向荣的生动写照。本书旨在以深入浅出、通俗易懂的方式讲解大桥的特点和科技、管理创新成果，希望为广大读者提供一个了解大桥技术含量、了解中国铁路发展历程的便捷窗口。这也是我们致力于讲好中国铁路故事，坚定中华民族自信心和自豪感的职责和使命所在。

马杨海

2022 年 1 月

目录 CONTENTS

上篇 规划设计

下篇　建设施工

基　础

索　塔

钢　梁

上篇　规划设计

综　述

1 了不起的沪苏通长江公铁大桥

沪苏通长江公铁大桥打通了长三角内部南北经济带的天然断点，必将促进长三角地区沿江两岸产业联动发展，加速长三角与周边地区乃至整个沿海地区的经济融合。大桥建设过程中形成了一系列专利和新工法，取得桥梁建造技术的重大突破，实现五个“世界首创”，引领了中国桥梁建设的新发展。

沪苏通长江公铁大桥位于江阴长江大桥下游45km、苏通长江大桥上游40km，北接南通，南连张家港。

作为沪苏通铁路和沿海快速铁路通道的关键控制性工程，为了充分利用非常稀缺的过江通道资源，打造长江经济带综合立体交通走廊，大桥采用四线铁路、六车道高速公路共通道建设方案，作为高速公路、客货混线铁路、高速铁路“三合一”的过江通道，实现了通道资源的集约化利用，节省了工程投资。

大桥上层桥面为双向六车道的锡通（无锡至南通）高速公

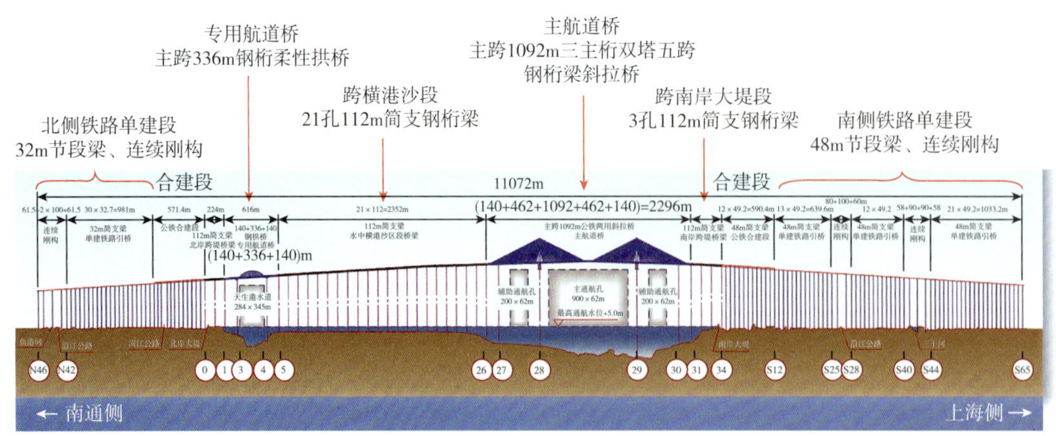

沪苏通长江公铁大桥桥式概略图

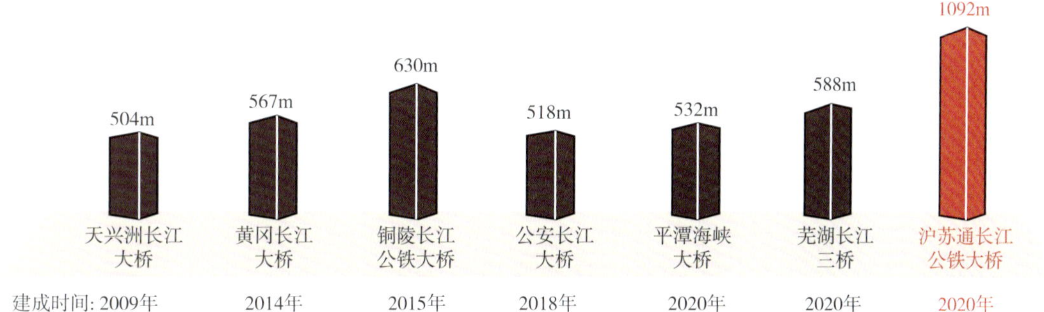

国内大跨度公铁两用斜拉桥发展情况

路，设计速度 100km/h；下层桥面沪苏通铁路为Ⅰ级客货混线、双线铁路，设计速度 200km/h；通苏嘉城际铁路为客运专线、双线铁路，设计速度 250km/h。

大桥全长 11072m，包括两岸大堤间正桥 5827m，南北岸引桥 5245m，其中公铁合建桥梁长 6989m。两岸大堤间正桥包括主跨 1092m 的主航道钢桁梁斜拉桥、主跨 336m 的天生港专用航道钢桁梁拱桥，以及 26 孔 112m 跨横港沙及两岸大堤简支钢桁梁桥。南北岸引桥主要为 48m、32m 简支混凝土梁桥及连续梁桥。大桥主体结构共耗用钢材 48 万 t，混凝土 230 万 m^3。2014 年 3 月 1 日正式开工建设，2020 年 7 月 1 日建成通车。

从铁路路网看，大桥是目前长江下游最东端的铁路过江通道。它所连接的沪苏通铁路向北经过盐城至南通铁路和连云港至盐城铁路进入山东，连接渤海湾和京津冀城市群；向南经过南通至上海铁路接入上海，经过南通至苏州至嘉兴至宁波铁路衔接宁波，汇入东南沿海通道，连接珠三角城市群。沿海通道是我国“八纵八横”高速铁路网中贯穿南北的大动脉，是目前唯一一条贯通我国三大核心城市群的纵向铁路通道。沪苏通铁路作为沿海通道重要组成部分，将有力推动三大城市群协同高效发展。

从高速公路路网看，大桥所搭载的锡通高速公路，打通了苏南苏北的快捷通道，不仅可以实现无锡和南通间40min通达，还将有效连通长江两岸高速公路网，使运输资源得到更合理的配置，缓解苏通长江大桥、江阴长江大桥的通行压力，形成人便其行、货流通畅的又一大动脉，具有良好的社会及经济效益前景。

长三角地区是我国经济发展的重要支柱地区，支持长江三角洲区域一体化发展已上升为国家战略。大桥在完善区域铁路、公路路网布局，优化运输组织方案，调整交通运输结构，扩大铁水联运份额等方面发挥着重要作用，为有效促进长三角城市群跨江融合、协同发展提供交通路网支撑。

为确保项目建设顺利推进，中国铁路总公司工程管理中心于2013年9月设立沪通长江大桥（后更名为“沪苏通长江公铁大桥”）建设指挥部，承担沪宁城际铁路股份有限公司委托代建的沪苏通长江公铁大桥项目现场施工组织指挥工作。大桥主要参建单位包括：设计单位，中铁大桥勘测设计院集团有限公司；HTQ-2标（主要建设范围包括主航道桥及南引桥等）监理单位，中国铁道科学研究院集团有限公司中铁大桥监理联合体；HTQ-2标施工单位，中铁大桥局集团有限公司；HTQ-1标（主要建设范围包括跨横港沙简支钢桁梁桥、天生港专用航道桥及北引桥等）监理单位，铁四院（湖北）工程监理咨询有限公司；HTQ-1标施工单位，中交第二航务工程局有限公司。

大桥的关键节点和控制性工程是主跨1092m的主航道斜拉桥。斜拉桥有着跨越能力强的特点，自20世纪70年代引入中国以来，相关技术得到了长足的发展和推广，在公铁两用大跨度桥梁领域更是大放异彩。2003年12月，主跨504m的双塔三索面武汉天兴洲长江大桥开工建设，首次采用三片主桁结构；2010年4月，合福铁路铜陵长江公铁大桥开工建设，主跨首次突破600m。

2014年3月，沪苏通长江公铁大桥开工。其主桥采用跨度1092m的双塔双索面公铁两用斜拉桥，是世界上首座跨度超过千米的公铁两用斜拉桥，是国内跨度第一、世界跨度第二的斜拉桥；主塔采用倒Y形混凝土结构，采用钢锚梁进行索塔锚固；全国首次采用双重箱桁组合结构主梁，公路与铁路均采用整体钢桥面；钢桁采用三主桁结构，采用新研发的Q500钢材；斜拉索首次采用2000MPa级高强度耐久型平行钢丝束。

桥址区河段为感潮河段，受径流和潮流双向水流作用。桥址区河床面240m以下未见基岩，覆盖层主要为淤泥质粉质黏土、粉土、砂类土。这样的地质条件，使得大桥的建造难度大大增加。

但再大的技术难题，再大的建造困难，也难不倒新时代的建桥人。他们坚持以科技创新为引领，克服地质条件复杂、环境保护要求高、繁忙航道安全保障压力大等困难，开展了一系列科研攻关，形成了四大科技创新体系。

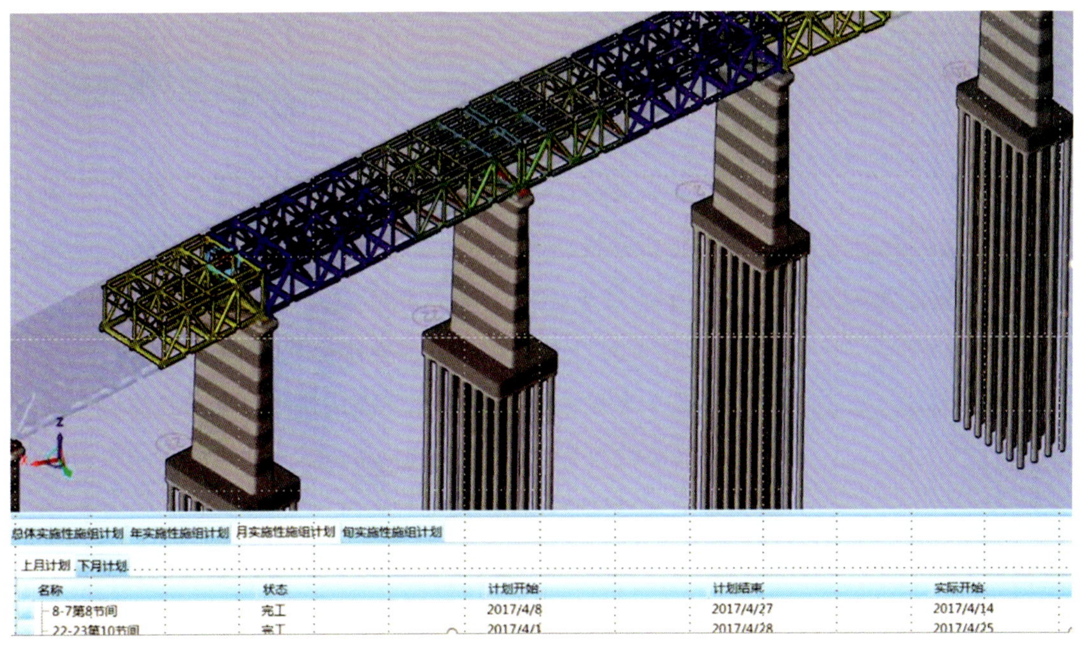

BIM管理系统形象进度展示

一是基础体系，主要包括超大型沉井钢结构制造、浮运、定位、下沉、检测技术，深水混凝土施工技术，大直径水上钻孔桩施工和质量控制技术等。二是索塔体系，主要包括斜拉索新型材料制造、加工、运输、安装、质量控制检测技术，超高主塔混凝土施工及其专用机械设备配置和质量控制技术，超高主塔混凝土防裂技术等。三是钢梁体系，主要包括新型桥梁用钢的生产、焊接工艺、质量控制技术，大规模多厂家协同生产的标准化和质量控制技术，大节段钢梁制造、运输、安装和质量控制技术等。四是智能建桥体系，主要包括信息化手段在桥梁建设现场的综合运用，BIM及信息化手段的深层次应用和标准验证等。

沪苏通长江公铁大桥存在着许多技术难点。在材料方面，由于该桥跨度大、载荷重、结构整体刚度要求高，所用材料必须有足够的抗力水平和耐久能力，以保证安全；在施工工艺方面，大桥主墩巨型沉井受长江近入海口往复潮流的影响，能否使其精准到位是施工过程的重大难题；在新型设备方面，用于主墩沉井的定位系统设备和施工控制系统、用于主桥钢桁梁两节段（最大节段质量约为1800t）整体吊装的架梁起重机、用于超长超重斜拉索减抑振动的阻尼设备等，都需要自主研发。

面对如此众多的技术难题，各参建单位开展了一系列科研攻关，发表科技论文200余篇，形成专利96项，创造新工法19项，在桥梁建造技术方面取得重大突破，实现五个“世界首创”，在我国乃至世界铁路桥梁建设史上具有里程碑意义。

一是千米级公铁两用斜拉桥设计建造技术为世界首创。沪苏通长江公铁大桥主跨1092m，在世界上首次形成千米级公铁两用斜拉桥设计参数体系。此前国内主跨最大的铜陵长江公铁大桥为630m，国外主跨最大的丹麦厄勒海峡大桥为490m，沪苏通长江公铁大桥主跨跨度分别是这两座大桥的1.7倍和2.2倍。

二是2000MPa级强度斜拉索制造技术为世界首创。沪苏通长江公铁大桥采用的2000MPa级平行钢丝斜拉索，由我国相关企业自主研发，钢丝各项控制指标优良，强度性能处于国际领先水平，技术成熟期综合成品率高于92%，其成功应用是国内盘条原材冶炼和斜拉索综合制造技术方面的重大突破。

三是1800t钢梁架设成套装备技术为世界首创。针对项目施工特点，大桥的建设者们自主研制了世界上载荷最大的1800t架梁起重机，实现了钢梁整节段工厂预制和现场整体安装，标志着我国桥梁工业化建造能力达到世界先进水平。

四是15000t巨型沉井精准定位施工技术为世界首创。沉井基础承载力大、刚度大、防船撞能力强，是大跨度重载桥梁基础的优势选择。沪苏通长江公铁大桥作为突破国内大跨度桥梁“无桩不基”现状的先行者，针对浮运吨位达15000t、面积达5100m^{2}的世界最大体量的钢沉井工厂制造、水上浮运、锚固定位、基底检测、河床预防护技术和深水混凝土性能调控技术难题进行了全面深入的攻关和探索，完善了沉井基础的设计理论和施工工艺，形成了完整的沉井基础技术、工艺体系，取得的原创性成果填补了行业空白，标志着我国深水桥梁建设技术达到国际领先水平。

五是基于实船—实桥原位撞击试验的桥墩防撞技术为世界首创。大桥建设过程中组织进行了世界上首次原位船撞试验，验证了相关性能和设计原理，建立了完善的桥梁智能化主动防撞预警监测系统，可实现3km范围内的防撞主动预警，有效保证桥梁和过往船舶的安全。

沪苏通长江公铁大桥的建造过程，是大桥建设者攻坚克难、拼搏奉献的过程，是敢于担当、锐意创新的过程，是勠力同心、多方协作的过程。正是不断突破建造过程中的一个个关键技术，使沪苏通长江公铁大桥建成了新时代的科技大桥。

表1列出了世界十大斜拉桥，表2列出了世界十大铁路/公铁两用斜拉桥。

世界十大斜拉桥 表1

序号	名称	国家	主跨	建成年份	主要特点	图片
1	俄罗斯岛大桥	俄罗斯	1104m	2012年	公路桥 双塔双索面钢箱梁斜拉桥 四车道公路	
2	沪苏通 长江公铁大桥	中国	1092m	2020年	公铁两用桥 双塔三索面钢桁梁斜拉桥 四线铁路 + 六车道公路	
3	苏通长江公路大桥	中国	1088m	2008年	公路桥 双塔双索面钢箱梁斜拉桥 六车道公路	
4	香港 昂船洲大桥	中国	1018m	2009年	公路桥 双塔双索面双钢箱梁斜拉桥 六车道公路	
5	青山长江大桥	中国	938m	2021年	公路桥 双塔双索面混合梁斜拉桥 八车道公路	
6	鄂东长江大桥	中国	926m	2010年	公路桥 双塔双索面混合梁斜拉桥 六车道公路	
7	多多罗大桥	日本	890m	1999年	公路桥 双塔双索面钢箱梁斜拉桥 四车道公路	
8	诺曼底大桥	法国	856m	1995年	公路桥 双塔双索面混合梁斜拉桥 四车道公路	
9	九江长江公路大桥 (九江二桥)	中国	818m	2013年	公路桥 双塔双索面混合梁斜拉桥 六车道	
10	荆岳大桥	中国	816m	2010年	公路桥 双塔双索面钢箱梁斜拉桥 六车道公路	

世界十大铁路 / 公铁两用斜拉桥 表 2

序号	名称	国家	主跨	建成年份	主要特点	图片
1	沪苏通 长江公铁大桥	中国	1092m	2020 年	双塔三索面钢桁梁公铁两用桥 四线铁路 + 六车道公路	
2	铜陵长江 公铁大桥	中国	630m	2015 年	双塔三索面钢桁梁公铁两用桥 四线铁路 + 六车道公路	
3	芜湖长江 公铁大桥	中国	588m	2020 年	双塔双索面钢桁梁公铁两用桥 四线铁路 + 八车道公路	
4	安庆铁路 长江大桥	中国	580m	2015 年	双塔三索面钢桁梁铁路桥 四线铁路	
5	黄冈长江大桥	中国	567m	2014 年	双塔双索面钢桁梁公铁两用桥 双线铁路 + 四车道公路	
6	平潭海峡大桥	中国	532m	2020 年	双塔双索面钢桁梁公铁两用桥 双线铁路 + 六车道公路	
7	荆州长江 公铁大桥	中国	518m	2019 年	双塔双索面钢桁梁公铁两用桥 双线铁路 + 四车道公路	
8	天兴洲 长江大桥	中国	504m	2009 年	双塔三索面钢桁梁公铁两用桥 四线铁路 + 六车道公路	
9	厄勒海峡大桥	丹麦	490m	2000 年	双塔双索面钢桁梁公铁两用桥 双线铁路 + 四车道公路	
10	岩黑岛桥 与柜石岛桥	日本	420m	1988 年	双塔双索面钢桁梁公铁两用桥 双线铁路 + 四车道公路	

前期规划

2 桥隧之争，为什么是桥？

建桥，还是建隧道？四个位置，四套方案；比技术可靠，比工程条件，比运营养护，比经济合理，比资源利用，只为工程综合效益最优。

沪苏通铁路跨越长江工程是新建沪苏通铁路的关键工程、重点工程。在规划方案、预可行性研究和可行性研究中，从路网布局、线路走向、工程方案等方面对桥梁和隧道两种方案进行了深入研究和比选。前期工作中，研究了苏通长江公路大桥下游 8km 桥位、主跨长 588m 的五塔斜拉桥和下游 9km 隧址盾构隧道两个方案，补充研究了苏通长江公路大桥下游 3km 桥位、主跨长 1092m 的斜拉桥方案和 9km 隧址盾构隧道方案。2010 年又补充研究了张家港市与南通市之间锡通通道处、主跨长 1092m 的斜拉桥方案和盾构隧道方案。按照国家发展改革委批准的项目建议书要求，从技术可靠性、工程实施外部条件、运营养护条件、经济合理性以及通道资源综合利用五个方面对桥梁方案和隧道方案进行了对比分析。

多轮次桥隧方案比选专家论证会的结果，认为采用桥梁方案有以下几点优势：

设计、施工及运营安全管理技术成熟；

在投资增加有限的情况下，可以实现与公路、城际铁路合建，充分利用通道资源，运能潜力较大；

施工风险可控，建设工期较短且有保证，能尽快发挥投资效益；

运营后维修方便，全寿命维护成本低，并且由于桥梁处于开放空间，应对火灾、地震等偶发灾难性事故的能力较强，防灾、救援方便快捷，抗灾能力强，事故影响较小，易于恢复运营。

采用隧道方案则有以下几点不足：

隧道处于软土地层，水文地质情况复杂，埋置地层存在地震液化的可能，而在软土地段建设重载快速铁路水底隧道尚无先例，工程稳定性和安全性存在诸多不确定因素；

建设和运营安全风险大，隧道结构空间狭小、闭塞，一旦发生火灾、地震、渗水、脱轨、爆炸等事故，救援难度极大，极易导致毁灭性的灾难事故；

受埋深影响，出入口敞开段将切割两岸陆地，影响陆地开发；

工程投资相对较大、运营成本较高且张家港至南通方向货车需折角运输；

隧道方案要实现三合一功能需打三个隧道洞体，施工工序复杂，施工风险大。

因此经综合比选，最终采用桥梁方案跨越长江。

大桥采用公铁合建方案，集干线铁路、城际铁路、高速公路三种交通功能于一体，实现了过江通道资源的集约化利用，相比三种交通功能分别进行建设，节省工程投资达35%，实现了工程综合效益最优。

3 历时 8 年，大桥前期选址有多难？

8 年时间找桥位，河势与航道都要考虑，试验和论证都要做足；推翻了一个又一个方案，才找到最合适的那一个。

大桥前期研究自 2005 年预可行性研究开始，至 2012 年底获得工可批复，前后历经 8 年。桥位研究大体上可分为两个阶段。

一、徐六泾节点河段桥位研究（2005—2009 年）

2005 年，沪苏通长江公铁大桥的工程前期研究工作正式启动。根据沪苏通铁路总体走向，越江桥址方案研究重点着眼于苏通长江公路大桥下游的徐六泾节点河段，先后研究了苏通长江公路大桥下游 8km、5km、3km 处及与苏通长江公路大桥并行等多个桥位方案。

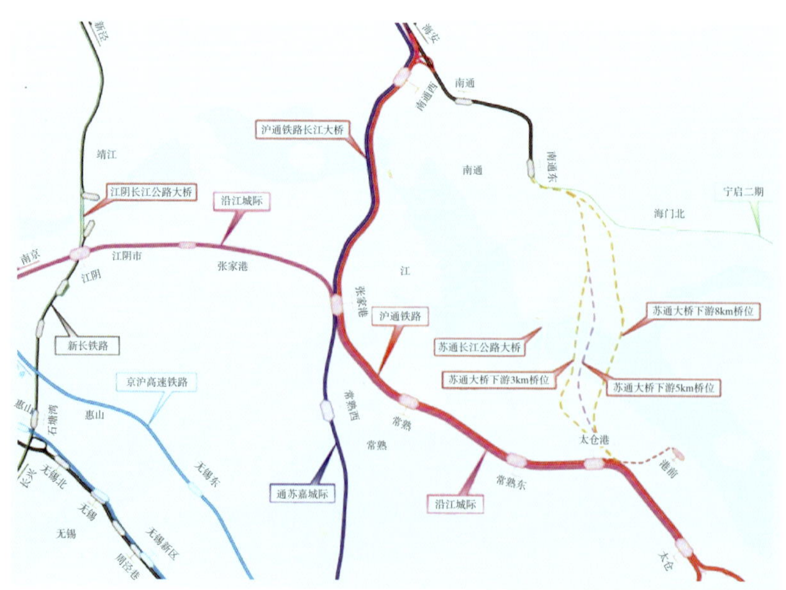

沪苏通长江大桥桥位研究图

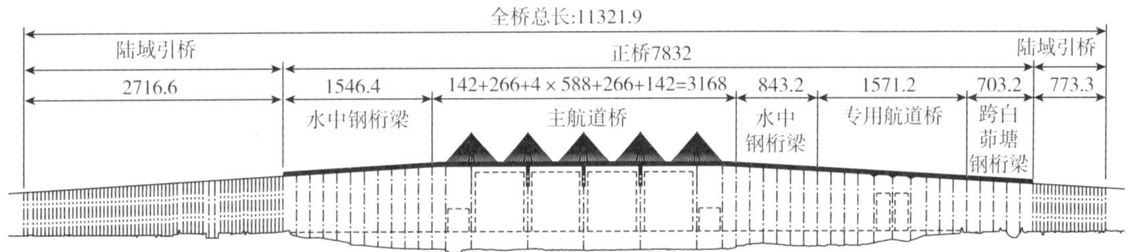

苏通长江公路大桥下游8km处桥位方案的全桥桥式概略图（尺寸单位：m）

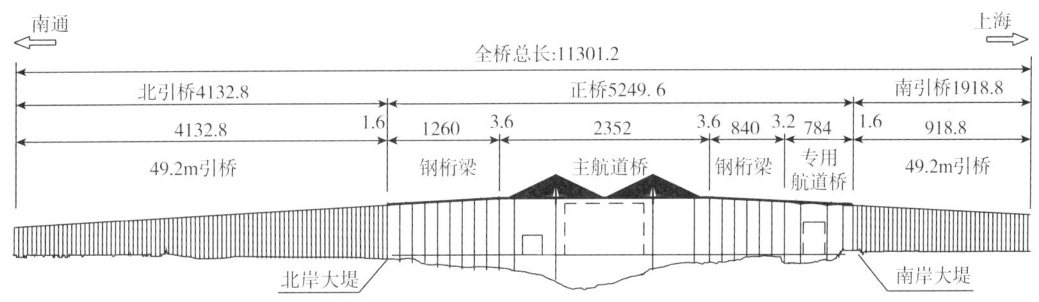

苏通长江公路大桥下游3km处桥位方案的全桥桥式概略图（尺寸单位：m）

（一）苏通长江公路大桥下游 5km、8km 处的桥位

苏通长江公路大桥下游 5km 桥位对两岸城市规划建设、港口码头使用影响较大，故在前期推荐了苏通长江公路大桥下游 8km 处的桥位方案。该桥位与沪苏通铁路总体走向一致，与两岸城市规划协调性好，但处于微弯、航道分汊河段。

对于此桥位方案，交通运输部高度重视，先后组织专家进行了多次论证。2009 年 2 月，交通运输部主持召开了沪苏通铁路通航论证审查会。会议认为拟建大桥水域（苏通长江公路大桥下游 8km 处）通航环境十分复杂，河势与航道尚不稳定。专家建议另行选择越江桥位。

（二）苏通长江公路大桥下游 3km 处的桥位

根据通航论证评审意见，结合南北两岸铁路接线走向，补充研究了河势与航道相对较为稳定的苏通长江公路大桥下游 3km 处及与苏通公路大桥并行的桥位方案。对于与苏通长江公路大桥并行的方案，与苏通长江公路大桥间距较小，不能满足通航标准要求，且与开发区、码头冲突较大。因此苏通长江公路大桥下游3km处的桥位方案成为推荐方案。

2009年5月，交通运输部就该方案委托上海海事大学进行了“沪苏通铁路过江通道跨江建桥实船试验”，并开展了“沪苏通铁路过江通道跨江建桥船舶操纵模拟实验研究”等专题研究。实船试验和模拟实验结论为：在狭小空间内连续穿越两座桥梁，存在较大的安全风险，难以保证桥梁和船舶的安全。

2009年9月，交通运输部致函铁道部《关于沪苏通铁路过江通道工程桥梁方案的意见》（厅函水〔2009〕158号），提出：“徐六泾河段是长江黄金水道航运最为繁忙的区段，货运量大，船舶密度高，航道未经系统治理，尚不稳定。为保障通航安全和长江黄金水道的航运发展，长江苏通大桥以下河段不宜建桥。”

二、锡通桥位研究（2010—2012年）

2010年2月，交通运输部致函铁道部《关于对沪苏通铁路过江通道工程通航论证工作有关意见的函》（厅函水〔2010〕32号），提出了长江苏通大桥下游河段不宜建桥、如需建桥可在锡通过江通道开展桥梁方案论证的意见。该通道位于长江澄通河段浏海沙水道下段，河段河势、航道基本稳定，通航条件相对较好，可将之作为过江通道桥梁选址开展相关论证。此后，桥位研究工作即针对锡通桥位开展。

锡通桥位桥梁主要方案如下：

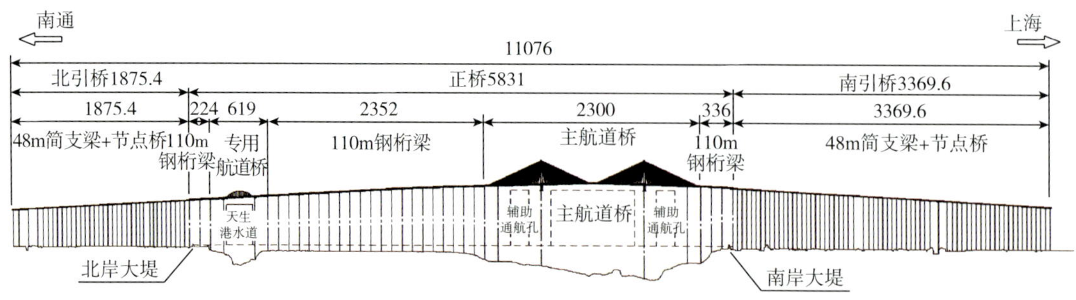

锡通桥位全桥桥式概略图（尺寸单位：m）

主航道桥为长 2300m 的钢桁梁斜拉桥，各孔跨的跨度分别为 142m、462m、1092m、462m、142m。

天生港航道桥为长 619m 的刚性梁柔性拱桥，各孔跨的跨度分别为 141.5m、336m、141.5m。

跨横港沙区段桥梁为 21 孔 112m 简支钢桁梁桥。

跨南、北岸大堤桥梁分别为 3 孔、2 孔 112m 简支钢桁梁桥。

正桥范围总长 5.831km。

2010 年 4 月，交通运输部召开了通航论证审查会。同年 7 月，交通运输部对沪苏通铁路长江大桥的桥梁选址、通航净空尺度、防撞标准、推荐桥型方案进行了批复。

2012 年 12 月，国家发展改革委正式批复沪苏通铁路工程可行性研究，批准了沪苏通铁路长江大桥桥址位于长江下游澄通河段南通水道进口段，距下游的苏通长江公路大桥约 40km，主桥为主跨长 1092m 的公铁两用斜拉桥。

4 优中选优——大桥桥型的前期比选

每个区段的桥梁都有独特的要求和限制条件，主航道桥更是无论采用何种桥型，规模和跨径都将达到世界级工程标准。桥型选择关系着施工量、经济性，以及对航道、水利的影响，必须综合比选，优中选优。

一、主航道桥方案比选

根据通航批复要求，沪苏通长江公铁大桥主通航孔通航净宽应不小于900m；采用与苏通长江公路大桥相同的净高设计，通航净高为设计最高通航水位以上不小于62m。工可阶段针对主航道桥桥型方案进行了初步研究。

跨径逾千米的铁路桥梁，在当今的建桥技术条件下，适合上述孔跨布置的桥型有斜拉桥、悬索桥或斜拉悬吊组合体系3种桥型。无论采用何种桥型，其规模和跨度都将达到世界级工程标准，都具有一定的挑战性。

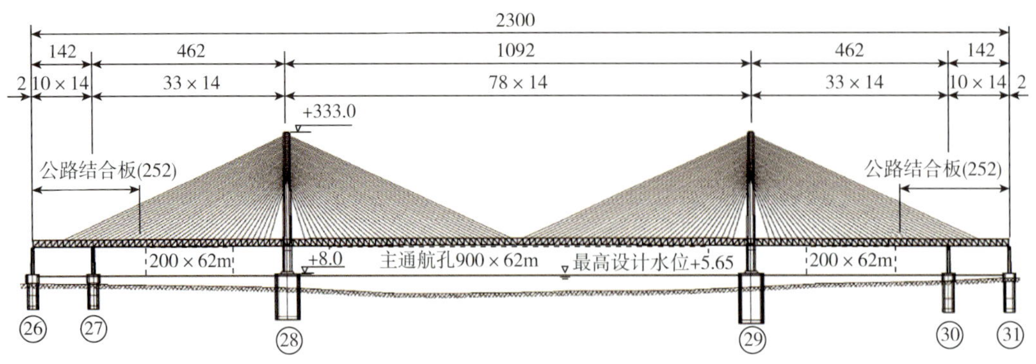

主航道桥桥式布置总图（尺寸单位：m）

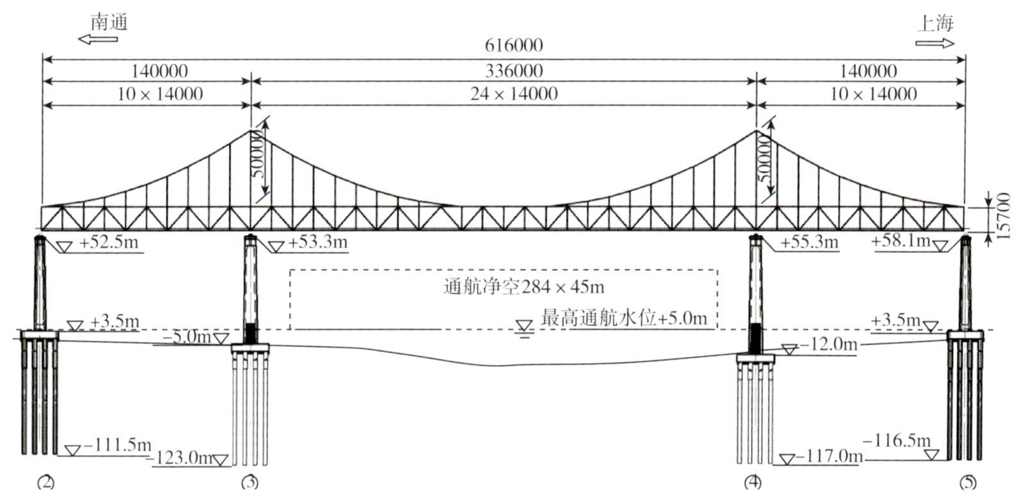

上加劲的连续钢桁梁桥方案立面布置（尺寸单位：mm）

主桥若采用悬索桥方案，锚碇布设将存在问题。桥址处江面宽阔，两岸大堤之间的距离约为 5.7km，主河槽通航区域宽约 1.6km，主桥若采用悬索桥，则锚碇必须放置于江中，对通航、水利都有较大影响。如若锚碇置于浅水区，主孔跨度需达 2000m 以上。

斜拉悬吊组合体系桥型是大跨桥梁的研究方向之一，是一种结构新颖、跨越能力强的结构体系。采用斜拉悬吊组合体系桥型，锚碇将相对较小，但由于地质条件差，锚碇规模仍然相当大，无法避免和悬索桥同样的问题。

而斜拉桥桥型具有刚度大，抗风稳定性好，容易满足铁路行车要求，对航道、水利影响小等优点，因此通过多方案综合比选，最终确定采用斜拉桥方案。

二、专用航道桥方案比选

为满足通航要求，保持与主航道桥的景观相协调，专用航道桥宜采用变高连续钢桁梁、钢桁拱或刚性梁柔性拱方案。初步设计阶段针对变高度连续钢桁梁和拱桥两种方案进行了研究。

变高度连续钢桁梁方案可选择的桥型有下加劲的连续钢桁梁桥和上加劲的连续钢桁梁桥。从满足通航孔跨度要求且跨度尽量小的需求考虑，上加劲的连续钢桁梁桥较为合适。

为使专用航道桥公路和铁路桥面间的距离与主桥一致，上加劲的连续钢桁梁桥应设计为变高度连续边桁高15.7m，中墩顶加劲弦中心距上弦中心之间50m，平弦部分采用华伦桁架，节间长度14m，上加劲弦与上弦之间仅用立柱和吊杆连接。

刚性梁柔性拱方案可选择使用刚性吊杆或柔性吊杆。

刚性吊杆的刚度好，但由于吊杆轴力较小，且大部分吊杆的长度较长，若采用刚性吊杆，为满足杆件长细比的要求，吊杆的截面将比较粗壮，导致用钢量大，且需对较长的刚性吊杆采取措施抑制风致振动；另外，施工时需要先安装吊杆，再安装拱肋，需采用足够的临时构件保证吊杆的稳定，临时用钢量大。

柔性吊杆的刚度稍差，但柔性吊杆方案由于采用高强平

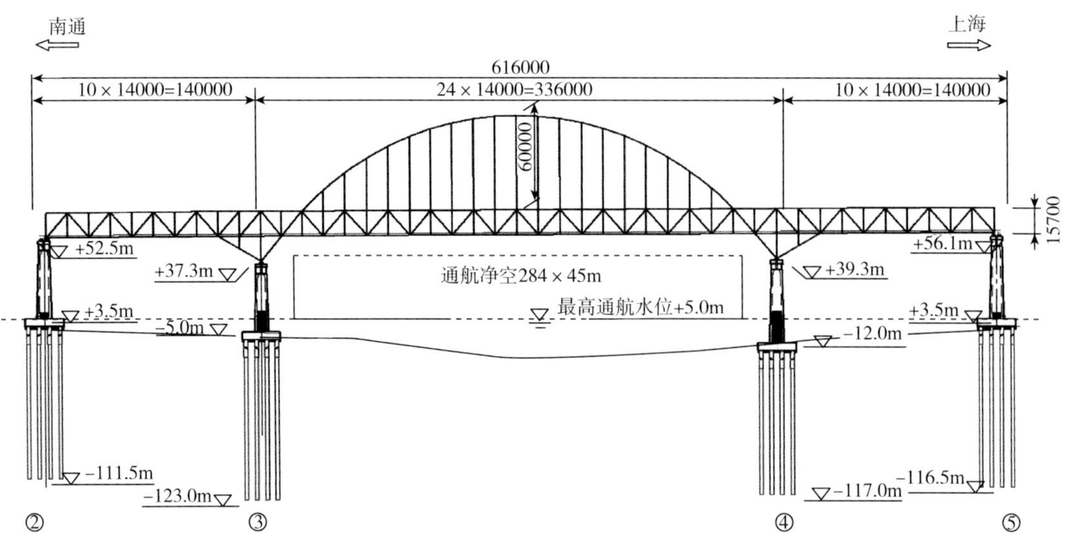

刚性梁柔性拱方案立面布置（尺寸单位：mm）

行钢丝成品索结构，而吊索截面小，且截面为圆形，因此用料省、抗风性能好；另外，由于安装时先安装拱肋，再安装吊索，因此施工临时用钢量少，安装方便。

经综合考虑，推荐柔性吊杆方案。

三、跨横港沙及大堤区段桥梁方案比选

大桥除主航道桥和专用航道桥外的水中区域主要为江中横港沙段。该区段位于大桥平面曲线段，长约2300m，水深较浅，河床高程均在 −1.5m 左右。该区段桥梁孔跨布置需要考虑对河床稳定性的影响以及满足水利与防洪要求；以建桥不影响下游通州沙东西水道的分流比为原则，减小桥墩的阻水面积，降低对防洪的不利影响。同时，由于该区段靠近主桥边孔侧约400m范围水深条件较好、可以满足中小型船舶通行要求，孔跨布置需按洪季上行孔通航净空要求考虑。

根据通航及水利部门要求，水中桥梁跨度需大于100m。因此，水中非通航孔桥的桥型采用跨度大于100m的等高度钢桁梁方案。在初步设计阶段中，对跨度112m、140m、168m的钢桁梁方案进行了比选。3种方案桥跨布置均能满足该水域水文、防洪及通航的要求，其中112m钢桁梁方案经济性好，结构受力及桥跨刚度均较好。因此经综合考虑，非通航孔桥的桥型推荐采用112m跨度钢桁梁方案。

四、两岸引桥方案比选

北岸0−N12号墩、南岸34−S12号墩范围为引桥公铁合建段，长度分别为571.4m和590.4m。根据引桥跨度比选结果，由于公铁合建段桥墩高达60m以上，除北岸跨越滨江公路段采用

40m+67m+40m 方案外，其余部分均采用跨度 48m 的方案。

北岸合建段下层铁路由一联 40m+67m+40m 连续箱梁及 9 孔简支箱梁组成；上层公路由一联 2×40m+67m+2×40m 连续箱梁、一联 3×49.2m 连续箱梁及一联 4×49.2m 连续箱梁组成。

南岸合建段下层铁路为 12 孔简支箱梁，上层公路为三联 4×49.2m 连续箱梁。

天生港专用航道桥

设计解读

5 不得不创的纪录——大桥主跨为何要长 1092m？

是什么决定了需要跨出世界公铁两用斜拉桥“最大的一步”？

沪苏通长江公铁大桥主航道桥主跨长 1092m，是世界上跨度最大的公铁两用斜拉桥。为什么要修建这么大跨度的铁路桥？是设计者刻意要创造世界纪录吗？

两个桥墩之间的距离通常称为桥梁跨度，其长度主要根据跨越障碍物（水道、公路、峡谷等）的需要确定。长江上桥梁的跨度主要由通航、防洪要求决定。譬如，沪苏通长江公铁大桥桥址临近长江出海口，所处水道航运十分繁忙，通航等级高，船舶吨位大、密度高，是我国航运黄金水道；为

保障通航安全和长江黄金水道的航运发展，主通航孔的通航净宽不应小于 900m；考虑到桥墩附近的紊流宽度，再加上桥墩防撞设施及桥梁基础本身的宽度，经过精确计算，确定采用主跨长 1092m 的方案。水中桥梁跨度方案确定后，还需要经过专门的通航和防洪影响评价，确认无影响后方能实施。

长江黄金水道的通航和防洪要求决定了沪苏通长江公铁大桥的主跨长达 1092m。实际上不只是沪苏通长江公铁大桥，南京以下的长江大桥没有一座跨度小于 1000m，见表 1。

南京下游长江大桥主跨跨度　　表 1

桥梁	润扬长江公路大桥	五峰山大桥	泰州大桥	江阴长江公路大桥	沪苏通长江公铁大桥	苏通长江公路大桥
类型	公路桥	公铁合建悬索桥	公路桥	公路桥	公铁合建斜拉桥	公路桥
主跨跨度（m）	1490	1092	2×1080	1385	1092	1088

6 大桥通航孔的宽度与高度是如何确定的？

长江上的船舶必须像高速公路上的汽车在车道内行驶一样，大桥通航孔宽度和高度设计的“门道”就在航道的规矩里。

沪苏通长江公铁大桥主航道桥主通航孔代表船型为5万吨级集装箱船和10万吨级散货船，代表船队为4.8万吨级的4排4列驳船队；双向通航净宽900m，通航净高62m。辅助通航孔代表船型为9000吨级驳船队和2万吨级油船；单向通航净宽200m，通航净高62m。为什么如此规定？

长江干线南京以下航道为Ⅰ-1级航道，是长江的黄金水道。《长江干线航道发展规划（修编）》中确定的航道建设标准为：南京—浏河口河段航道维护尺度为12.5m×500m×1200m（水深×航宽×弯曲半径），通航50000吨级海船。2019年

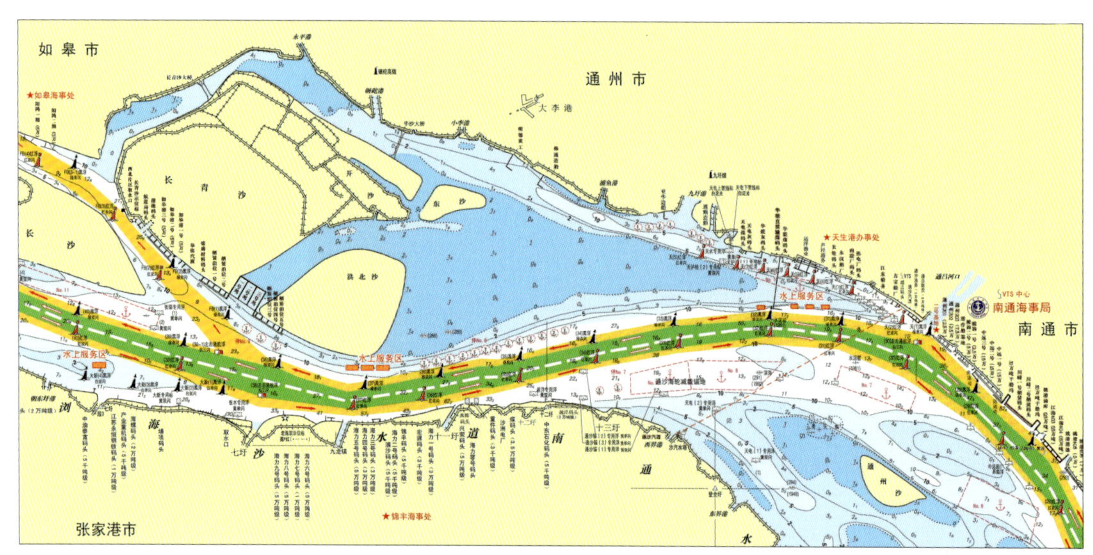

桥址航道示意图

大桥通航孔建设中

5 月，长江南京以下 12.5m 深水航道二期工程顺利通过竣工验收，标志着长江南京以下 12.5m 深水航道工程全面建成并正式运行，5 万吨级海轮可直达南京。在此情况下，考虑到沪苏通长江公铁大桥所处河段水深条件较好，大型船舶可利用中洪水期水位或乘潮水位进出，确定设计代表船型为 5 万吨级散货船和集装箱船，同时考虑 10 万吨级散货船，并根据 5 万吨级集装箱船高度确定了通航净高为 62m，根据 4.8 万吨级船队以及船舶定线控制要求确定了通航净宽为 900m，而 10 万吨级散货船进出的要求则控制了航道水深要求（在此过程中，对设计通航水位，即船只通行时的最高水位也须加以考虑。这是因为水位过高时，船只顶部有可能与桥梁结构发生碰撞，给桥梁结构带来安全风险）。

具体到通航净宽的规定，是这样给予明确的：根据船舶定线制规定，长江上的船舶必须像高速公路上的汽车一样，在中央分隔带两侧的车道内行驶，并且大小船舶须各行其道，不能越界，绿色的主航道（黑浮与红浮连线内侧水域）供大型船舶行驶，宽 500m，其中上、下行航道各宽 200m，中间设 100m 宽分隔带；主航道两侧各设 200m 宽的辅助航道（黑浮、红浮连线外侧黄颜色水域），专供小型船舶行驶。

即航道横向布置为：200m 辅助航道，200m 下行航道，100m 分隔带，200m 上行航道，200m 辅助航道。

7 双料冠军——大桥的高、大、新

跨度大、荷载重、运行要求高决定了必须要强，新材料、新结构、新工艺赋予了称雄世界的实力。

一、桥梁跨度大

沪苏通长江公铁大桥主桥跨度为1092m，是目前中国跨度最大的斜拉桥，世界上首座主跨超千米级的公铁两用斜拉桥，继武汉天兴洲长江大桥（主跨跨度504m）、黄冈长江大桥（主跨跨度567m）、铜陵长江公铁大桥（主跨跨度630m）之后，连续第四次刷新了世界公铁斜拉桥主跨纪录。同时，沪苏通长江公铁大桥的北汉天生港专用航道桥主跨336m，也是目前世界上跨度最大的公铁两用钢拱桥。

二、设计荷载重

沪苏通长江公铁大桥为四线铁路、六车道公路公铁合建桥梁，除要承受每延米高达90t的自身重量外，还要承受每延米35t的铁路、公路荷载重量。

三、承载高铁运行

通过大桥跨越长江的通苏嘉城际铁路为高速铁路，设计速度250km/h。高速铁路的运行对桥梁的要求较高，国外大跨度铁路桥梁多为低中速铁路。沪苏通长江公铁大桥自设计伊始就将铁路速度目标定为250km/h。为了研究大桥能否满足高铁运行的要求，首次提出了基于轨道形位控制的大跨度桥梁行车性能评估设计方法，为后续大跨度高速铁路桥梁设计奠定了基础。

四、给大桥瘦身，设计采用新材料、新结构、新工艺

为了减轻大桥的自重，给大桥瘦身，设计采用了一系列新型高强度材料：采用强度2000MPa的耐久型平行钢丝斜拉索、具有高韧性与良好焊接性能的Q500高强度新型钢材、满足超高桥塔施工要求的C60高性能混凝土。

为了更好地承载四线公铁荷载，设计采用了一些新型结构：主航道桥箱桁组合主梁结构、112m钢梁双层混凝土组合桁架结构、三索面整体式钢锚梁索塔锚固结构。

为了又快又好地建设好大桥，施工中采用了一些新工艺：两节间全焊接钢桁梁整体制造架设新工艺，巨型钢沉井整体制造、浮运、定位新工艺，336m钢拱桥先梁后拱、三拱肋同步竖转成拱新工艺。

8 大桥为什么要在江心“拐个弯”？

一个反常识的细节，一段不走寻常路的曲线桥，藏着因地制宜、科学设计的奥秘。

沪苏通长江公铁大桥全长 11072m，是分五段设计建造的，分别为主航道桥、天生港专用航道桥、横港沙水域桥、跨长江大堤桥和两岸引桥；在主航道桥和天生港航道桥中间有一段“不走直线，而是拐了个弯”的曲线桥。为什么沪苏通长江公铁大桥的设计师们特意设计了一段曲线段呢？

首先，这是由沪苏通长江公铁大桥的具体位置决定的。沪苏通长江公铁大桥南岸的登陆点在张家港市十三圩港附近，北岸登陆点在南通市捕鱼港附近。桥位处江面的宽度将近 6km。大桥需要跨越南侧的主航道、北侧的天生港专用航道和中间的横港沙。而靠近南岸的主航道与靠近北岸的专用航道并不是平行的，存在着约 25° 的夹角。

其次，是由大桥的轴线与各航道之间的相互关系决定的。

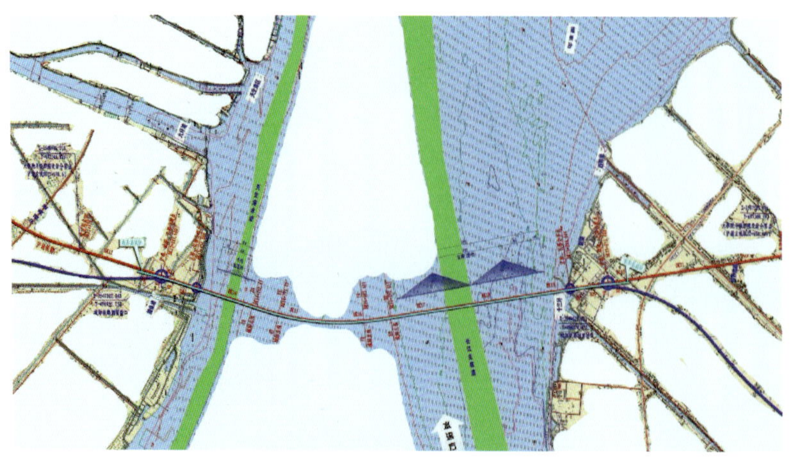

沪苏通长江公铁大桥桥址平面图

因为主航道与专用航道客观上存在着一定的夹角，水流流向较为发散，且江中存在横港暗沙（浅洲），为了保证桥轴线与两航道正交，减小大桥桥墩对水流及河势的影响，设计单位中铁大桥院的设计师在对大桥进行总体设计时综合考虑各种因素，包括铁路桥上旅客列车运行的安全性和舒适度等，特意设置了一处半径为 4000m 的曲线段。桥上四线铁路按同心圆布置。大桥设置曲线后，桥轴线与江中各航道均为正交。这样的设计，使大桥对通航、通车、水流及河势的影响降到了最小。

同时，为了缓解长距离直线行驶对驾驶员专注度的抑制作用，公路设计相关规范要求直线长度不宜大于 $20\times10^{-3}h\cdot V$（V 为计算行车速度），据此计算得出沪苏通长江公铁大桥的直线长不宜超过 2000m，这也决定了大桥需要设置曲线段。

9 “经典组合”钢桁梁—双层桥面的优势

我国公铁合建桥的“经典组合”何以经典，沪苏通长江公铁大桥采用三桁结构遵循哪些理念？

沪苏通长江公铁大桥为公铁合建桥梁，采用双层桥面，上层通行六车道高速公路，下层通行四线铁路，其中两线为高速铁路，两线为客货共线铁路。为什么要这样布置呢？

首先，从功能分区上看，上层通行公路、下层通行铁路，能实现公路与铁路的运营互相不干扰，安全性也更好。

其次，分层布置能大大减小桥梁宽度，减小桥梁的占地面积。如采用同层布置，桥梁宽度至少需要65m；而采用双层布置，桥梁宽度只需35m。

再次，这是钢桁梁主梁的优势。水中大跨度桥梁一般采用钢桁梁形式，因为钢桁梁桥具有结构受力合理、刚度大、省钱等优点。而这种梁型正适合布置双层桥面，通过上下弦各布置一层桥面，可充分利用结构空间。

沪苏通长江公铁大桥采用的三桁结构相比两桁结构在桥面板受力上更为有利；上、下层桥面等宽布置可使公路和铁路桥面资源均得到充分利用，是节约设计、绿色设计理念的体现。

自武汉长江大桥建成以来，钢桁梁—双层桥面已成为我国公铁合建桥的“经典组合”。除采用平层结构布置方式的甬舟铁路跨海桥梁等少数例外，绝大多数公铁合建桥梁均采用钢桁梁—双层桥面的结构布置方式。

中国中铁大桥局

10 桁高、桁宽是怎样拟定的?

从主桁高度，到节间长度，再到桁宽、桁式，大桥的设计有一套严谨精准的规范和方法。

桁架桥的设计，要先确定桥梁跨度，再确定主桁架的主要尺寸，包括桁架高度、节间长度、斜杆倾角和主桁的中心距。

一、主桁高度

桁高是决定桁架杆件内力和挠度的主要因素。规范规定，简支钢桁梁和连续钢桁梁的边跨，容许挠度为跨度的1/900，中跨为1/750。挠度限制是桁高的主要控制条件。

对于双层钢桁梁桥，桁架高度还应满足下层桥面的建筑界限要求。沪苏通长江公铁大桥为公铁两用钢桁梁斜拉桥，上层为六车道高速公路，下层为双线一级铁路和双线高速铁路。根据结构受力和刚度需要设置横联，同时考虑铁路建筑界限要求，桁高设计为16m。

二、节间长度

中、小跨径的铁路钢桥，上承式桁架的节间长度一般为

经济桁高与计算跨径关系表 表1

桥型		铁路桥		公路桥	
		平行弦桁架	多边形桁架	平行弦桁架	多边形桁架
经济桁高	下承式	1/7*L*	（1/6.5~1/5）*L*	（1/10~1/7）*L*	（1/8~1/5.5）*L*
	上承式	（1/8~1/7）*L*		（1/10~1/8）*L*	

注：*L* 为计算跨径。

3~6m，下承式桁架的节间长度一般为6~10m。跨径较大的铁路钢桥，下承式桁架节间可达12~15m。公路钢桥的节间长度可适当增大。根据沪苏通长江公铁大桥的桁高、桁式以及结构受力和美观性考虑，主梁节间长度设计为14m，参见相关图和表1。

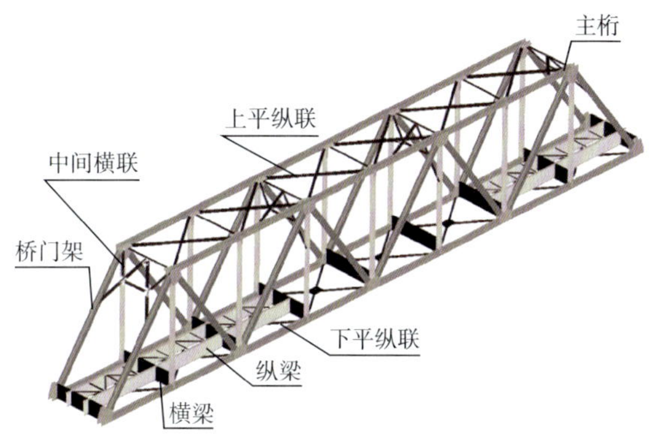

N形桁式示意图

三、桁宽

主桁架的中心距离由横向刚度和稳定性决定。下承式钢桁梁桥的主桁中心距还应满足桥梁限界的要求，上承式桁梁桥的主桁中心距还要考虑横向倾覆稳定性的要求。根据相关规范和标准，并考虑结构的构造宽度，沪苏通长江公铁大桥铁路桥面宽度不应小于29m，公路桥面宽度不应小于35m。考虑到桥面宽度增大能够提高主梁横向刚度，有利于提高结构抗风性能，大桥桁宽设计为2×17.5m，采用直主桁形式。

四、桁式

桁式与桁高、节间长度、杆件长度紧密相关，必须综合考虑各种影响因素，相互协调，尽可能标准化和模数化。与实腹梁相比，使用稀疏的腹杆代替整体的腹板，杆件主要承受轴力，能够节省钢材和减轻结构自重。

斜拉桥主梁桁式主要有：华伦桁、三角桁、N形桁、普式桁等。其中N形桁斜腹杆倾斜方向可设计为与斜拉索保持一致，较长的斜腹杆为拉杆，较短的竖杆为受压杆，有利于主桁受力，节省腹杆用钢量，比较适合于斜拉桥结构。因此，沪苏通长江公铁大桥主桁设计为N形桁式。

为何大桥采用有砟轨道?

人们普遍认为无砟轨道的日常养护维修工作量明显小于有砟轨道，但主跨突破千米级的大跨度铁路桥梁的选择，还需要考虑更多因素……

桥上轨道结构形式主要分有砟轨道和无砟轨道两类。目前在高速铁路大跨度桥梁上采用无砟轨道的桥例主要有主跨300m的钢混混合梁斜拉桥——赣江特大桥、主跨324m的钢箱桁梁斜拉桥——商合杭高铁裕溪河特大桥等。在主跨突破千米级的大跨度铁路桥梁上，采用无砟轨道还没有先例。

对于无砟轨道，目前比较普遍的看法是，其日常养护维修工作量明显小于有砟轨道。但这是对于常规基础设施而言的，对于高速铁路大跨度桥梁却不尽然。以早期日本主跨为2×135m的独塔双孔无砟轨道斜拉桥为例，该桥在后期运营过程中，由于温度影响下不同长度拉索变形不均、混凝土收缩徐变等问题，也经常需要维护才能保证轨道几何状态满足行车要求。由此来看，要在大跨度桥上铺设无砟轨道，如何保证轨道的几何状态是需要关注的核心问题。

对于主跨超千米级的沪苏通长江公铁大桥，如铺设无砟轨道，以下四个方面的问题有待解决。

第一是桥梁结构变形控制问题。无砟轨道板对桥梁结构的变形十分敏感。超千米大桥的竖向刚度、梁端转角以及相邻桥跨横向变形会对无砟轨道轨面平顺性产生影响。因此需要提出合理的控制措施，降低超千米大桥的变形、变位。

第二是跨梁缝区段无砟轨道选型问题。为降低梁端伸缩位移、梁端转角对轨道结构的影响，并使轨道结构跨越大梁缝，需对跨梁缝区段无砟轨道的结构形式进行专门研究。

第三是钢桥面与无砟轨道合理连接形式的问题。千米级大桥与无砟轨道之间的合理连接是保证两者协同工作的基础。研究钢桥面与轨道板间的相互作用及连接件力学性能，是实现千米级大桥与无砟轨道协同工作的前提。钢桥面与轨道之间、轨道各层结构之间各向约束条件，各层结构间界面的约束条件和工作机理异常复杂，在温度（整体升降温、温度梯度）、往复活载等作用下的整体和局部响应难以通过数值分析得出，因此，需开展系统、全面的连接力学性能（静力、疲劳等）试验，以明确千米级大桥与无砟轨道合理的连接形式，从而保证实现良好的协同工作。

第四是无砟轨道减振措施问题。进行超千米大桥无砟轨道设计时应考虑减小桥梁的振动加速度，提高无砟轨道、桥梁结构的耐久性及底座与钢桥的联结性能。减振层的形式选择、设置位置及设置减振层对轨道和桥梁结构动力性能的影响等都是有待解决的问题。

由于以上问题尚未得到完整解决，超千米跨度铁路桥梁若仍采用有砟轨道结构，一方面可享受有砟轨道对桥梁线形误差要求相对宽松带来的便利，另一方面可在运营期通过调整道砟对轨道几何线形进行调整，使之满足运营要求。可以预见，随着研究的不断深入，应用无砟轨道的大跨度铁路桥梁的跨度将逐渐增加，最终实现不同跨径大跨度铁路桥梁对有砟轨道、无砟轨道结构形式的自由选择。

大桥铁路面有砟轨道

12 超长跨度轨道结构变形挑战下，如何保证大桥行车性能和旅客安全舒适？

每位旅客安全、舒适地通过大桥的背后，是深入细致的科学研究，对各种极端工况的模拟，以及对桥梁、轨道和车辆响应的分析。

沪苏通长江公铁大桥承担着沪苏通铁路、通苏嘉城际铁路、锡通高速公路三项通道功能。不同的通道功能对桥梁有不同的要求，通行铁路比通行公路要求高，高速铁路比普通铁路对桥梁要求更严格。沪苏通长江公铁大桥主桥桥跨长、桥面宽，在温度荷载、风荷载、公路荷载及铁路列车荷载等因素作用下，轨道结构会产生较大的变形。轨道结构的变形属于长波长、大幅值的变形，在大桥设计阶段，国内外还没有针对超千米跨度桥上轨道几何形位的限值制定相应的规范。为了保证大桥的行车性能，保证列车通过桥梁时的安全性和舒适性，设计单位中铁大桥院对此进行了专门的研究，模拟了各种极端工况下列车过桥情况，分析桥梁、轨道和车辆的响应，以确保其满足相应指标要求。

具体做法是以沪苏通长江公铁大桥不同荷载工况下的桥梁主梁变形为基础，分别采用线路平纵断面、线路几何尺寸偏差值、轨道谱和基于轮轨系统振动理论的“动力学评估”来评价超千米跨度公铁两用斜拉桥的轨道几何形位，并提出轨道几何形位控制措施或建议。

针对列车的考查方面，轮轨的作用力是评判列车通行是否安全的指标，其中有一个重要的指标“脱轨系数 Q/P”，是指车轮所受横向力与竖向力的比值，这个指标必须小于或者等于 0.8，以确保列车运行安全。车辆运行时的振动加速度则可用来评判列车通行时的舒适度，合格的标准是竖向振动加速度小于或者等于 0.13g（g 即重力加速度，9.8m/s^2），横向振动加速度小于或者等于 0.1g。沪苏通长江公铁大桥模拟计算的列车竖向振动加速度在 0.1g 以下，属于“优秀”等级。大桥在轨道高低、水平不平顺的条件下，车辆系统各项动力学指标都远小于限值要求。

相对应的，对桥梁的要求则包括：在列车作用下，桥梁端部的竖向转角不能大于 2‰，水平转角不能大于 1‰；桥梁跨中的竖向变形不能大于 $L/500$（L 即桥梁跨径 1092m）。同时，桥梁上钢轨的变形也要符合铁路线路相应维护标准的要求。

13 大桥能抗 13 级台风

大桥抗风能力的设计目标是怎么定下来的？该如何验证设计是否达到了目标？

沪苏通长江公铁大桥抗风设计基本风速为 38.2m/s。这是什么样的概念，它的取值意味着什么呢？

抗风设计基本风速是大桥设计的一个重要参数，它指的是地面或水面以上 10m 高处 100 年一遇的 10min 平均风速。由于大桥的抗风性能对于保证大桥的结构稳定和行车安全十分重要，设计单位中铁大桥院针对抗风设计基本风速的取值进行了专题研究，并在桥址现场设立了风速观测塔进行风参数观测，最终确定大桥抗风设计基本风速为 38.2m/s，防御标准相当于 13 级台风。

大桥的风环境较差，主要原因在于大桥处于长江入海口附近，水面宽阔，另外桥梁很高——“树大招风”，大桥桥面上的风速要比两岸陆地上的风速高出 1~2 级，也就是说岸边地面刮起 6 级大风时，跨中桥面上的风速就接近 8 级大风了。

沪苏通长江公铁大桥气弹模型风洞试验

为了保证大桥的抗风稳定和结构安全，大桥在全球最大风洞试验室——西南交通大学 XNJD-3 风洞中进行了气弹模型风洞试验，验证了大桥是否会出现有害的风致振动。在室内试验风速达到 82m/s（试验最大风速）时，桥梁抗风安全性依然经受住了考验，表明大桥具有很好的抗风性能。

为了研究风对列车运营的影响，风洞试验中还测试了各种工况下的列车过桥受风吹的影响，并将试验测得的数据用于车辆过桥仿真分析计算，得出了车辆可以安全运行、需要限速乃至停运的风速，为大桥的运营管理提供了依据。风洞试验表明，结构在设计风速下不会产生颤振、抖振等风振问题，结构气动性能良好。

此外，由于气流绕过物体时，物体两侧及尾流中会产生周期性脱落的旋涡，激励使物体发生限幅振动，也就是涡振（在较低的风速下，容易产生竖向涡振或扭转涡振），因此大桥的设计需要考虑涡振的影响。试验表明，当风速低于成桥状态设计风速 49.2m/s 时，大桥涡振振幅均满足行车舒适度的要求。

14 既要防船撞，还要保护船，大桥防撞设计有什么独家秘籍?

船舶撞击桥梁的威胁不容小觑，大桥设计过程中进行了专项研究，捋清了防撞设计参数和船撞力标准，配置了被动防撞装置和智能化主动防撞预警系统，既保障了行车安全和桥梁结构安全，也保障了船舶航行安全。

桥梁防撞问题从20世纪六七十年代开始就在国外得到广泛关注，比较严重的船撞桥事故包括：1975年1月5日澳大利亚的德温特河塔斯曼桥船撞事故，导致桥梁三跨垮塌、两桥墩被毁，20人丧生；1980年5月9日美国旧阳光大桥船撞事故，导致南侧一个主墩撞垮、三跨桥面坠入海中，35人死亡。国内桥梁船撞事故则主要发生在1990年以后。2007年6月15日，由于遇到浓雾天气，“南桂机035”运沙船在航行途中严重偏离主航道，撞上九江大桥桥墩，致使大桥的3个桥墩倒塌，约200m长的桥面垮塌，还造成了运沙船沉没，4辆汽车落入河中，9人失踪。这一事故在国内造成巨大影响，也引发桥梁界对应对船撞桥风险的相关技术、管理问题的广泛讨论。随着经济的快速发展，跨江跨河桥梁数量明显增加，航运更为繁忙，做好通航桥梁防撞设计，保障列车运行安全、桥梁结构安全和船舶航行安全，是一项非常关键的工作。

沪苏通长江公铁大桥设计过程中，将主航道桥的防撞设计作为研究专项，开展“一桥一议”设计，重点研究防撞设计参数和船撞力标准、被动防撞装置设计和智能化主动防撞预警设计。

防撞设计参数和船撞力标准方面，由于主航道桥所处长江口澄通河段实际通航船舶吨级已超过内河通航规范值，研究通过船舶自动识别系统（AIS）提取桥区附近的AIS源数据并进行解码分析，得到桥区通航船舶的静态信息、动态信息和与航次有关的信息，从而得到船型分布、吨级分布、平均船速、95%超越概率航速以及通航航迹图。经统计分析，得到船撞力技术标准，包括：设防代表船型吨级、设防代表船型撞击航速，如表1、表2所示。设防代表船型撞击角度根据铁路规范按20°取值。根据不同的船型撞击工况，采用规范公式、有限元计算等方法对船撞力大小进行了对比分析，如表3所示。国内外不同规范和数值模拟计算的结果差别很大，这主要是由船桥碰撞问题的复杂性造成的，不同公式考虑的因素不尽相同，从而得到不一样的结果，设计时按大值取用。

沪苏通长江公铁大桥主桥设防代表船型主尺度　　表1

载重吨（DWT）	1万	5万	7万	10万	15万
排水量（t）	1.25万	6.5万	8.5万	12.5万	18万
船型	散货船	散货船	油轮	散货船	油轮
总长（m）	136.0	225.0	243.0	250.0	275.0
型宽（m）	21.0	32.3	42.0	44.0	48.0
型深（m）	11.1	18.0	20.8	21.5	24.6
满载吃水（m）	8.4	13.0	14.3	14.3	17.1

沪苏通长江公铁大桥船舶速度选择　　表2

墩号	工况	撞击方向	船舶吨级	撞击速度（m/s）
主墩28号、29号	1	正撞	50000	5.14
	2	正撞	70000	4.57
	3	正撞	100000	3.39
辅助墩27号、30号 边墩26号、31号	4	正撞	20000	3.03
	5	侧撞	20000	3.03

沪苏通长江公铁大桥船撞力设计标准（船撞力单位：MN）　　表3

船舶吨级（t）	20000	50000	70000	100000
碰撞速度（节，1节≈0.5m/s）	5.99	10	8.9	6.6
AASHTO	71.08	140.2	147.7	130.9
欧洲规范	41.2	92.7	94.3	77.7
IABSE-Saul	79.96	146.2	160.4	157.1
铁路桥涵设计基本规范（TB 10002.1—2005）	24.47	55	56	46.2
公路桥涵设计通用规范（JTG D60—2015）	53	86.6	/	/
有限元数值仿真	72.2	214.1	271	251

巨大的船撞力使得桥墩设计变得困难，也预示着船舶与桥墩撞击后会产生不可预料的严重后果，如船舶沉没、人员伤亡等，并可能对桥上的正常行车带来影响。因此，在进行桥墩结构设计时，同步考虑墩上被动防撞装置的设计，以期降低桥墩承受的船撞力作用。在此过程中对被动防撞装置进行了综合性

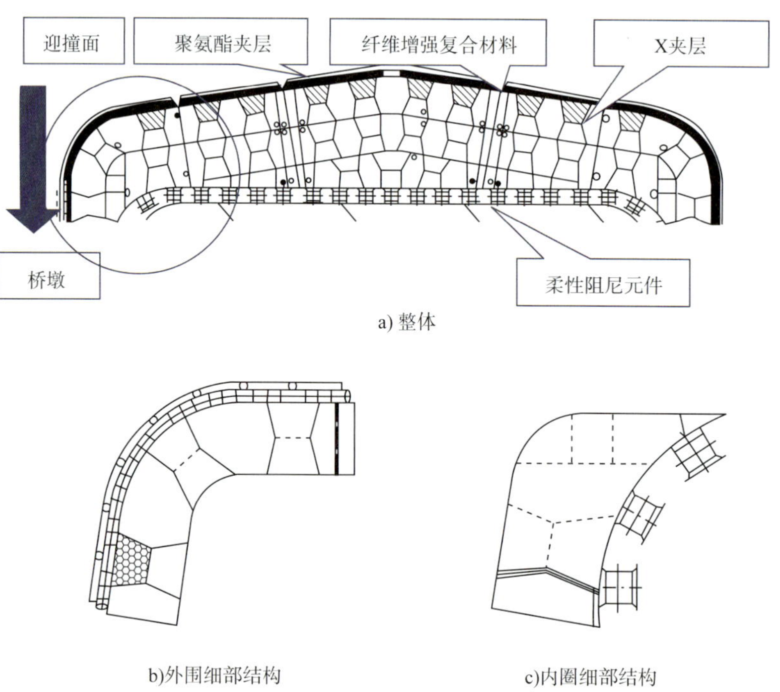

多级消能夹层复合材料浮式防撞设施的设计图

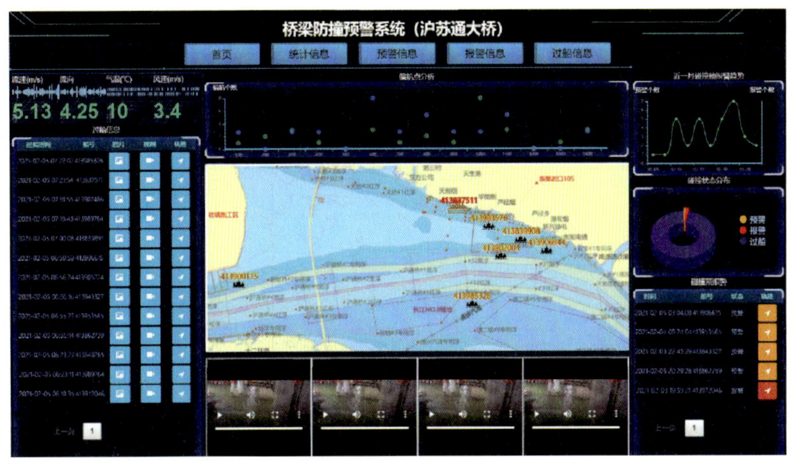

沪苏通长江公铁大桥防撞预警系统界面

比选，从防撞消能、提高装置耐久性、保护船舶等方面，提出了兼具刚度、消能特征的“钢 + 柔性阻尼元件”，多级消能夹层复合材料浮式防撞设施。针对不同工况的有限元计算结果表明，该装置可以满足大桥防撞性能的需求。进一步在大桥 31 号墩开展了实船—实桥原位撞击试验，对比了 5 种不同防撞设施的消能效果，结果表明该桥采用的防撞设施可削减船撞力 60% 以上，消能效果明显，满足相关标准的要求。

在主动防撞措施方面，沪苏通长江公铁大桥在设计过程中还增加了主动防撞预警监测系统设计。该系统主要具有事前预警和事后报警两大功能。它应用现代化的激光扫描技术、图像识别技术、传感测试技术、计算机技术、现代网络通信技术对船舶通航情况、桥址环境、船舶撞桥情况等进行实时监测，分析掌握通航船舶对大桥的潜在威胁；对预判到的风险隐患提前进行干涉，以求避免船舶撞桥事故发生；对发生的船舶撞桥事故及时进行报警并保存现场视频记录，通知铁路桥梁管理部门及海事管理部门及时介入处理，避免造成桥上运营线路的二次事故。该系统同样在建设期间开展了实船撞击全过程的原位监测预警验证性试验，结果表明可以实现上述功能，满足现场信息化管控需求。

15 大桥抗震设防烈度为Ⅷ度

大桥如何实现抗震？需要进行竖向、横向、纵向全方位的、成体系的抗震设计。

大桥的设计需要对多方面的风险予以考虑。除了台风、船撞等，地震也是不容忽视的。沪苏通长江公铁大桥抗震设防烈度为Ⅷ度。为了达成这一标准，需要从多方面考虑桥梁抗震体系的布置。

沪苏通长江公铁大桥总的结构体系为塔梁分离、塔墩固结形式。为使大桥满足设计时的抗震设防烈度，施工单位中铁大桥局的工程技术人员在塔梁之间设置了支座和纵向阻尼器。

竖向上，各墩均设置支座，边墩边、中桁，辅助墩边、中桁均分别设置不同规格的摩擦摆减隔振支座；两个主塔墩边、中桁分别设置不同规格的普通球型支座。

横向上，主塔墩、辅助墩、边墩边桁采用多向活动支座，中桁采用横向支座。每个主塔墩在主梁下弦箱两侧各设置 4 个横向抗震橡胶支座。

纵向上，主塔处设置纵向黏滞阻尼器和限位装置，一个桥塔和主梁之间设置 12 个阻尼器。

总的抗震思路为横向通过摩擦摆减隔振支座以及抗震橡胶支座减小地震响应，大桥纵向通过主塔处设置的 24 个纵向阻尼器来减小地震响应，从而保证桥梁结构在地震中的安全性。

其中，大吨位黏滞阻尼器是一种安装在发生相对位移的桥梁构件之间，在缓慢施加的静态荷载（如温度、沉降荷载等）作用下可自由变形，在快速作用的动态荷载（如地震、脉动风等）作用下产生阻尼力和耗散能力的振动控制装置。阻尼器系统包括预埋件、梁端支座、塔端支座、阻尼器和销轴等。

墩顶钢梁架设到位后，支座完成初步安装，平面位置、高程进行粗调，垫石顶抄垫。辅助墩落顶完成后，道砟铺设前，根据设计单位中铁大桥院确认的支座安装高程进行支座位置精调并完成灌浆。

至此，从竖向、横向、纵向三个方向为大桥满足设计时的抗震设防烈度保驾护航。

16 高强钢研发应用，让千米大桥“铁骨铮铮”

既有桥梁钢的性能难以满足千米级公铁两用桥的设计要求，新型高强度桥梁结构钢及配套焊接材料、操作工艺应运而生，保障了大桥建设，更为后续建造更大跨越能力及耐久性能钢桥铺平了道路。

桥梁钢是建造铁路或公路桥梁的专用钢，需要有较高的强度、韧性，良好的抗疲劳性和耐腐蚀性，同时具有承受桥上各种车辆载荷和冲击的能力，其性能指标远高于普通钢铁材料。

我国最早的自主研发桥梁钢种是1968年建成通车的南京长江大桥采用的16Mnq“争气钢”。而后依托2009年建成的武汉天兴洲长江大桥及2011年建成的南京大胜关长江大桥，分别

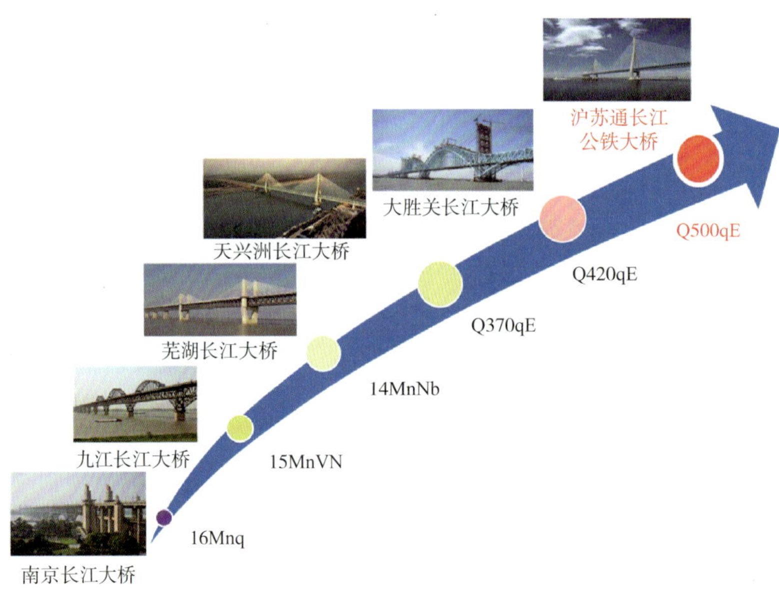

桥梁钢材屈服强度发展历程

研发出了 Q370qE、Q420qE 钢材。采用这几种桥梁钢建造的桥梁，其跨度最大只有 630m，而沪苏通长江公铁大桥的跨度超过千米——既有桥梁钢的性能难以满足千米级公铁两用桥的设计要求。按照沪苏通长江公铁大桥关键受力部位节点及杆件设计要求，研发出更高标号及综合材料性能的桥梁钢，是建成沪苏通长江公铁大桥的重要前提，也是后续建造更大跨越能力及耐久性能钢桥必需的保障。

沪苏通长江公铁大桥以试验和试生产为主要途径，在 Q420qE 钢基础上，研制 Q500qE 高强度桥梁结构钢，目标是实现较低的屈强比、良好的韧性，以及较高的工业化生产的质量稳定性，并研发配套焊接材料及操作工艺。

“Q500qE”这个名字中的字母和数字各有含义：“500”表示该钢的屈服点为 500MPa；“q”是桥梁钢中“桥”字的汉语拼音首字母；而“E”则表示该桥梁钢的质量等级为 E 级。在具体的桥梁设计和施工中，“Q500qE”表示这种桥梁钢的抗拉强度高达 500MPa。

为了尽快生产出 Q500qE 新型桥梁钢，武汉钢铁集团公司和鞍山钢铁集团公司针对 Q500qE 钢材的力学性能、工厂制造关键技术、设计关键技术等开展了系统性研究，从钢材化学组分、掺料配方、冶炼工艺、生产及焊接工艺优化等方面开展多项试验研究，同时拓展进行低应力循环性能、疲劳裂纹扩展性能、宽板拉伸试验及断裂韧性试验等，以保证其有良好的工程应用效果。

生产出来的钢板需要由桥梁厂加工制造成钢梁。只有通过钢梁制造厂最终性能考验的钢板，才能满足工程需要。中铁山海关桥梁集团有限公司分别对武钢和鞍钢生产的典型厚度 Q500qE 钢板进行了母材复验、系列温度冲击试验、切割和热矫形工艺试验、焊接性能试验、焊接材料试验，以及对接接头、熔透角接接头、坡口角接和 T 形接头焊接工艺评定试验；

宽板拉伸试验

经过对 Q500qE 钢板的综合力学性能和焊接性的全面试验、检验、分析和评定，详细记录试验工艺参数和检测结果，形成评定报告；在此基础上生产出 Q500qE 高强度桥梁结构钢疲劳试验件和压杆稳定试验件，以及 Q500qE 高强度桥梁结构钢宽板拉伸试验件和系列冲击试验件，送交中国铁道科学研究院和中桥 725 所进行专项试验研究；最终经过多次试验研究和改进，研制出了各项性能及设计参数良好的钢板，满足了沪苏通长江公铁大桥的钢梁设计、制造要求。

在试验和试制的基础上，大桥建设指挥部联合中铁大桥院、武钢、鞍钢等单位的专家共同研讨，确定 Q500qE 钢材交货技术条件，明确了钢板的交货状态、表面质量、尺寸、外形、重量和允许偏差、化学成分、力学性能、超声波检验以及试验方法等参数要求，并邀请了原中国铁路总公司、中铁大桥院、中铁大桥局、铁科院、燕山大学、武钢研究院、鞍钢、中铁山桥、中铁宝桥等单位的专家共同评审。与会专家一致同意该技术条件可以在沪苏通长江公铁大桥工程中应用。

武钢和鞍钢开展 Q500qE 桥梁用钢板规模生产后，通过 2016 年近半年的反复试验和不断改进，使符合技术条件的钢板成材率逐步达到 90% 以上，量产性能稳定，满足了沪苏通长江公铁大桥工程建设需要，相关技术水平达到国际先进水平。

应用高强度钢材可以减少材料用量，从而减少对资源的消耗，减少碳排放，有助于推动我国桥梁建设行业绿色产业链的发展。沪苏通长江公铁大桥在新一代高强度桥梁结构钢研发上取得的全面突破，为我国桥梁建设向下一个时代新高峰的攀登铺下了一级重要的台阶。

17 世界首创 7mm 直径 2000MPa 超高强度钢丝

面对主桥跨度大、荷载等级高、物理指标高、形位控制要求高等许多重大技术难题，建设单位组织力量专门为主桥量身定制新型材料，成功研制出了兼具低松弛性与高强度的锌铝合金镀层高强钢丝，国产化盘条的先行先试研究成果达到世界领先水平。

沪苏通长江公铁大桥主桥是世界上跨度最大的两塔三索面斜拉桥，承载着四线铁路、六线高速公路。什么样的斜拉索能够担得起大桥巨大的重量呢？它的专业术语叫“7mm 直径 2000MPa 级斜拉索”。7mm 直径是指组成斜拉索的单根钢丝的直径为 7mm，2000MPa 是说这种钢丝的抗拉强度高达 2000MPa。沪苏通长江公铁大桥的 432 根斜拉索是由工厂制造的，根据受力需要，分别由 253~451 根不等的直径 7mm 的钢丝组成。单根斜拉索最大长度为 576m，最大直径为 150mm，最大重量达 83.5t。

“7mm 直径 2000MPa 级平行钢丝”是专门为沪苏通长江公铁大桥主桥量身定制的新型材料之一，是一种兼具低松弛性与高强度的锌铝合金镀层高强钢丝。

我国应用高强度斜拉索是从 1995 年建成通车的汕头海湾大桥使用直径 5mm、强度 1500MPa 的主缆钢丝开始的；而后经历 14 年，发展到 2009 年建成通车的浙江舟山西堠门大桥使用直径 5mm、强度 1770MPa 的主缆钢丝；再经过设备升级和技术改进，于 2017 年依托广东虎门二桥（今称南沙大桥）坭洲水道桥，强度突破至 1960MPa。但受限于拉丝成品稳定性，钢丝直径始终维持为 5mm，且主要依赖于进口钢丝。

斜拉索的性能受原材冶炼、盘条制备、拉丝和成索四大生

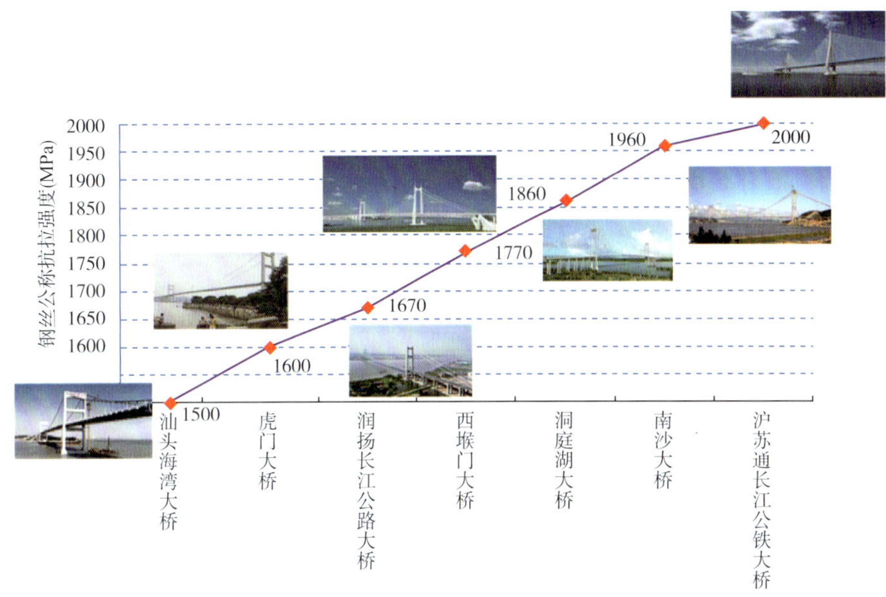

钢丝公称抗拉强度发展历程

产环节控制，任何一环的瑕疵都会影响索的质量。在提升强度指标的同时控制 7mm 的钢丝直径将使得盘条制作难度显著提高。沪苏通长江公铁大桥对 7mm 直径 2000MPa 级平行钢丝的应用是此种钢丝在世界桥梁行业内的首次应用。

针对沪苏通长江公铁大桥主桥跨度大、荷载等级高、物理指标高、形位控制要求高等许多重大技术难题，桥梁建设单位在大桥建设之初便联合组织各相关生产厂家进行新材料研发，并将其列为重大技术攻关项目。

沪苏通长江公铁大桥平行钢丝主要控制指标包括抗拉强度、扭转性能以及硫酸铜试验指标。抗拉强度要求达到 2000MPa，反映了钢丝的总体承载能力；扭转性能要求达到 12 次，反映了钢丝的材质的均匀性和韧性；硫酸铜试验指标，反映了钢丝表面锌铝镀层的均匀性，是钢丝耐久性能的重要保证，要求达到 4 次。在以上重要指标取得突破的基础上，设计单位中铁大桥院提出了《沪苏通长江大桥用 2000MPa 级平行钢丝斜拉索技术条件》。

作为钢丝生产的重要原材，盘条的性能是决定钢丝质量能否合格的重要因素。在沪苏通长江公铁大桥建设之前，国内盘条指标尚达不到设计要求；同期国际上也仅有韩国浦项、日本新日铁等个别厂家可以提供，但造价很高。原中国铁路总公司要求，通过沪苏通长江公铁大桥的建设，实现2000MPa钢丝国产化，填补国内行业空白。大桥建设指挥部由此组织开展了一系列推动实现盘条和钢丝国产化的研究工作。

一、充分调研，了解国内钢厂状况

调研显示，国内共有江阴兴澄特种钢铁有限公司、青岛钢铁控股集团有限责任公司、中国宝武钢铁集团有限公司等钢铁生产厂家在钢铁冶炼和热处理生产线等方面具有较强的生产实力，同时也对开发新型盘条有积极的热情和信心，故初步确定选择这些钢厂共同研发国产盘条。同时，对钢丝生产厂家进行了了解，选择实力较强的江苏东纲金属制品有限公司、江阴华新钢缆有限公司、无锡宝通带业股份有限公司以及江苏帅龙集团有限公司等厂家，作为2000MPa钢丝的生产试制单位。

二、充分调动各方力量积极参与盘条研发

在了解国内行业状况的基础上，大桥建设指挥部分别致函各钢厂并抄送各钢丝生产单位，组织其共同双向选择进行盘条研发、钢丝拉拔试制工作。参与试制的企业积极投入，开展钢铁冶炼和盘条制作，并提供盘条给钢丝生产厂家进行多次试验，将抗拉强度、扭转次数等关键性指标的合格率和稳定性逐步提高。一条艰难的技术攻关之路在材料工程师们的脚下越走越宽阔。

（一）合理设计化学成分，实现盘条高强化

在实现斜拉索钢丝高强化方面，自主研究设计化学成分最佳配比，充分考虑各元素在索氏体相变以及在钢丝镀锌过程中对组织转变的影响，确定合适的化学成分体系；结合钢丝的深度拉拔、“双镀法”热镀及稳定化处理，成功实现了锌铝合金镀层2000MPa级钢丝的研发，并基本解决了强度越高，对气体敏感性越突出的问题。

（二）深入研究，探索盘条高韧性匹配条件

为匹配镀锌钢丝缠绕、扭转、疲劳等高韧性要求，在材料高均质性、高表面质量和高纯净度方面深入研究。高均质性研究主要是通过改善连铸不足之处（补缩条件差、结晶器内温度场和流场不合理、横向稳定梯度大、铸态组织晶粒粗大等），结合自主研发的EDC水浴韧化处理技术替代传统的工艺，使得盘条同一截面索氏体均匀，并有效抑制网状渗碳体、粗片状珠光体组织的形成，得到高强、高韧性且适合深度拉拔的索氏体组织，有效减小了盘条强度通条离散问题，保证了热镀钢丝成品的强度、塑性稳定性。

斜拉索静力动力性能试验

（三）注重细节，完善高碳盘条前处理工艺

超高强度钢丝的扭转、缠绕考核标准要求钢丝表面零缺陷。大量生产经验表明，钢丝表面轻微的划伤、磕碰等缺陷，极易导致扭转、缠绕考核不合格。因此，工程师们因为大直径高碳钢盘条的化学成分，开发新型改性磷化处理技术，完善盘条前处理工艺，提高材料的减摩耐磨性，减少拉拔过程中的摩擦力，形成低摩擦因数的富油表面，提高高强度钢丝抗擦伤性能。

（四）积极探索，开发高强度钢丝新型低损伤拉拔工艺

发明双模拉拔工艺，开发新型拉拔模具，减少了高强度钢丝截面上应力和变形不均匀的情况，降低了高碳高强度钢丝拉拔后的残余应力，确保大直径高强度钢丝拉拔后的综合机械性能满足相关要求。

（五）开发新型高强度锚具结构体系，实现斜拉索体系高强化

开发了防腐寿命更高的热渗锌高强度锚具，完成了高强度热镀钢丝的镦头工艺优化，研制了超高强度、抗疲劳、耐久型2000MPa缆索锚固体系，实现了缆索超高强化，提高了缆索的寿命。

三、严格把关，委托权威机构定点检测

经过一年的探索和试验，通过各盘条生产厂家和钢丝生产厂家的不懈努力，2000MPa钢丝各项指标不断提高。为了保证检验检测结果的公正性和准确性，大桥建设指挥部委托国家钢丝绳产品质量监督检验中心专门对各单位提供的钢丝产品进行严格检测。最终，几大试制试验盘条厂和钢丝拉拔厂家均收到钢丝检验合格证，实现了2000MPa钢丝盘条国产化进程的重大突破。

四、循序渐进，确保钢丝成材率

获得钢丝检验合格证的试制试验厂家，方可纳入沪苏通长江公铁大桥钢丝、盘条招标选用范围。通过公开招标，选取江苏东纲金属制品有限公司、江阴华新钢缆有限公司、江阴兴澄特种钢铁有限公司、青岛钢铁控股集团有限责任公司等单位成为沪苏通长江公铁大桥的钢丝和盘条生产厂家。为了保证钢丝大批量生产过程中的成材率和稳定性达标，大桥建设指挥部按照循序渐进、逐步突破的原则，采用30t试制、200t评审和800t验收“三步走”的控制方式，逐步提高钢丝成材率，确保工程应用质量。

五、引领示范，带动重点工程应用

在确定2000MPa平行钢丝斜拉索技术条件，并实现国产化盘条突破后，芜湖长江三桥招标选择了参与沪苏通长江公铁大桥钢丝、盘条试制试验的厂家供货。沪苏通长江公铁大桥国产化盘条的先行先试研究成果，达到世界领先水平，为我国2000MPa钢丝的推广应用奠定了基础。

18 点缀在大桥两岸的桂冠——上桥通道

大桥两岸有个“入口标识”，即综合养护上桥通道，兼具多种实用价值，又为大桥增设了一道靓丽的风景。

长江南北两岸各有一处的沪苏通长江公铁大桥综合养护上桥通道，是一个“多用一体”的构筑物，同时兼具救援疏散通道、维修养护上桥通道、铁路安全值守驻地等多种用途。

平面布局上，上桥通道的楼梯间围绕着升降梯布置，并有钢结构连廊分别和桥面铁路、公路相连通。

在造型构思上，它采用经典三段式构图。下部弧形造型设计采用混凝土结构，厚重敦实，支撑起整个建筑形体，形成深深植入大地的稳定支座。中部设计成花冠形状的透明玻璃体，可供人 360° 全视野无遮挡观景；通过弧形混凝土构件与下部的连接，构成了人的双手托起一顶玲珑剔透的蓝色桂冠般的形象，也与下部的弧形构件相互呼应。在下部和中部墙身之间，细长的玻璃带既打破了墙身实板一块的造型，赋予墙身变化，又将下部和中部墙身有机联系在一起，增强了形体的完整度。同时，通透的大玻璃窗与厚重的仿石材墙面也产生了强烈的虚实对比。上部造型逐渐收缩，仿佛要融入蓝天。整个建筑造型上极力营造整体的稳定感和向上升腾之势，其流畅的外形，虚实对比的光影变化，与大桥主塔相呼应，极富现代感，为大桥增设了一道靓丽的风景。

在材料和颜色设计上，上桥升降梯及通道综合体下部和上部均采用混凝土结构，采用灰白色的仿石材面层，颜色和桥墩

一致；中部采用蓝色的玻璃幕墙，既和大桥局部色彩形成对比，富有变化，又和大桥协调，形成一个整体，赋予大桥现代的气息，有助于打造极富魅力的城市滨江景色。

综合通道分列长江两侧，高耸突出于桥面，与一字形桥面形成纵横对比，不仅实现了桥面观景功能，同样也是全桥的景观节点和入口标识。

19 大桥的照明控制

保障交通安全，提高交通运输效率，为检修人员工作提供便利，满足治安防范需求，达到美化环境、节能目的，大桥公铁两层的功能照明处处见心思。

沪苏通长江公铁大桥公铁两层均设有功能照明，公路层为道路照明用路灯；铁路层为轨道检修照明用路灯，以及箱梁内检修照明和塔内检修照明系统。

公路层道路照明系统采用单臂路灯双侧对称布置，灯杆设置于机动车道钢护栏处，灯具安装高度为12.5m，布置间距为28m，采用LED光源，为行驶车辆的驾驶人员创造了良好的视觉环境，达到保障交通安全、提高交通运输效率、满足治安防范需求和美化环境等目的。路灯采用单灯电容补偿，补偿后功率因数达到0.9；采用集中定时与远程控制，统一控制开关时间，达到节约电能的目的。

钢梁段铁路桥面的员工走道栏杆上设置检修照明灯具，灯具安装位置距离检修走道面约3.5m，灯间距约20m，在沪苏

公路路灯

铁路供配电照明灯

通铁路及城际铁路两侧均对称布置。主航道桥26号至31号墩段设置箱内检修照明灯具，每个横隔板隔间内均设置节能灯具，每断面4盏；每2个横隔板隔间内设置插座箱，每断面2只。主塔内每层平台上方约2.2m处安装一盏节能灯具，每2层平台安装一个电源插座。电源插座可给临时增设的照明或小型电动工具供电，为检修人员工作提供了便利。

公铁两层路灯分开供电，其中公路层电源引自公路收费站变电所，铁路层电源引自铁路桥梁养护工区变电所，两层供电系统完全独立控制。

20 航空警示措施齐，雷电防护有保障

确保万无一失：大桥航空警示系统在主线供电回路断电的情况下仍能正常工作；雷电防护系统全面考虑各处细节。

为了保证沪苏通长江公铁大桥的运行安全和桥区的航空安全，设计单位中铁大桥院的设计师专门为其设置了航空警示系统和雷电防护系统。

桥塔顶部和塔身边缘闪烁的灯光是航空障碍灯，用于勾勒出构筑物的轮廓，使飞行器操作员能判断障碍物的高度与轮廓，起到警示作用。主航道桥28号塔与29号塔塔顶各安装4盏高光强A型航空障碍灯，三层塔身每层各安装4盏中光强A型航空障碍灯。天生港专用航道桥钢拱的顶部上下游侧各安装1盏中光强A型航空障碍灯。对所有航空障碍灯均按一级负荷考虑，配备应急电源（EPS电源），保证其在主线供电回路断电的情况下仍能正常工作。

桥塔防雷设施包含桥塔顶部的接闪器、接地引下线及利用桥梁基础设置的接地极等。全桥在每个桥墩处都设有接地装置。接地装置由接地极、水平连接线、接地引上线、接地端子等部分构成。斜拉索与桥面的灯杆等外露金属设施都通过主塔或桥墩内的接地

引下线与基础接地极可靠连接。桥塔相关设施、桥上人员及车辆等，均在塔顶接闪器、斜拉索、钢结构桥拱及灯杆等构成的桥梁防雷系统的保护范围内。监控配电箱、外场设备电源进线等处分别设置各级电源过电压保护器或避雷器。信号防雷措施包括在网络通信接口处加装必要的防雷保护装置以确保网络通信系统的安全运行，以及在外场设备信号进线处设置信号避雷器。电器的柜、屏、箱的框架，金属架构和钢筋混凝土架构，以及靠近带电导体的金属围栏和金属门，均做好了接地。

21 白、蓝色彩的“服装”，华丽而高雅

冰清玉洁与朴素柔和的统一，钢铁风骨与江涛天穹的和谐，也是一次桥梁美学的艺术创作。

桥梁是人类根据生活与生产发展的需要而兴建的一种公共建筑，任何一座桥梁都有使用和观赏两个方面的功能。从满足使用功能的方面而言，它是供车辆和行人跨越障碍的工程建筑物；但从观赏的角度而言，它又是一件艺术品，给人带来美的享受。所以桥梁设计不仅是工程设计，也是一次艺术创作。桥梁美学是以美学为原理，结合桥梁的自身特性，研究得出桥梁建筑的设计应遵循的和评价应依据的理论和法则的科学。

正是由于桥梁不仅是交通设施的重要组成部分，而且常常是一种标志性建筑物，桥梁美学设计必须满足于桥梁造型尺

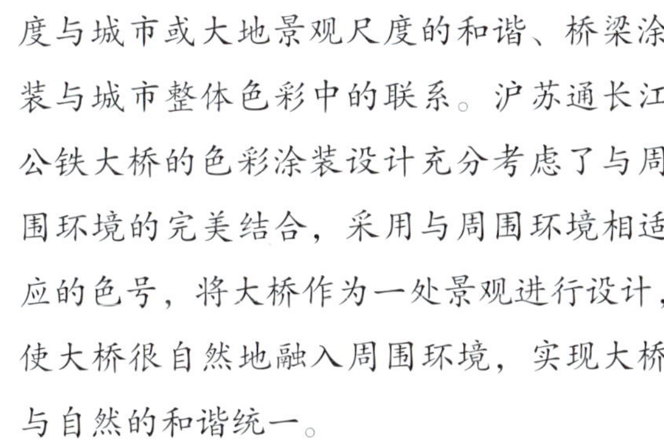

度与城市或大地景观尺度的和谐、桥梁涂装与城市整体色彩中的联系。沪苏通长江公铁大桥的色彩涂装设计充分考虑了与周围环境的完美结合，采用与周围环境相适应的色号，将大桥作为一处景观进行设计，使大桥很自然地融入周围环境，实现大桥与自然的和谐统一。

沪苏通长江公铁大桥桥塔色彩采用珍珠白色。白色代表了纯洁、朴素、冰清玉洁，给人以科技感，最能体现出华丽而高雅的品质，营造出一种明快的氛围，将大桥的各个结构部分塑造得格外空灵优雅。同时，轻盈的色感可将大桥的视觉体量大大减轻，给人带来一种轻盈舒缓的视觉感受。桥梁钢梁采用天蓝色，使得桥梁在蓝色天空和水域的背景下，显得清新典雅、朴素柔和。淡雅的桥塔与相对冷蓝色系的钢梁组合，与自然环境相融合，给人以柔和、宁静的感受。含蓄柔和的色彩组合展示了城市文化内敛、雅致的底蕴。

22 人文城景两相彰，雄姿惊艳长江

大桥美学设计成就新地标景观，与两岸城市相互映衬，展现非凡气魄。

沪苏通长江公铁大桥连接上海、南通中心区域，桥位处河道宽阔，两岸环境视野开阔；桥梁建筑尺度巨大，视觉景观效果非常突出。大桥与两岸城市相互伴生，互为映衬，必将成为标榜城市及地区独特性、唯一性的复合景观象征。大桥景观美学设计势必以桥梁景观为延伸、以环境景观为烘托，将文化与桥梁相结合，从而提升沪苏通长江公铁大桥的整体文化品位。

沪苏通长江公铁大桥主通航孔桥采用双塔斜拉桥造型，整体造型简洁，富于现代感。流线型的桥塔造型与钢桁梁组合，形成极富有韵律感的桥梁景观造型。钻石型主塔造型具有现代、精致、简洁的建筑特征。上塔柱不断升华延展的造型线条使其建筑视觉比例更显修长，而转折处的弧形处理设计又使得塔柱建筑线条的衔接更加流畅。内收型的下塔柱，减小了承台体量；三角形的塔冠直指青天，表达出一种激动人心、催人奋进的强劲动力，给人以积极向上的视觉感受。桥塔建筑细部加以不同角度、尺度的倒角、收分，消除了空间形体间的生硬连接，具有典型的现代建筑的美学特征。不规则截面的建筑处理，大大减少了桥塔的整体视觉尺度，使之在不同时空的光影效果中，更显挺拔俊秀、端庄大气。整座桥塔刚中见柔，简约纯粹，在静态中又蕴含了运动的趋势，营造出自由生动的建筑美感。桥塔造型犹如一双托举之手：掌合明珠，手托玉带，象征着汇中华之神韵，聚沪苏通之精神，未来必将欣欣向荣，实现新的腾飞。沪苏通长江公铁大桥整体形象轻盈鲜明，造型气势宏伟、美观挺拔，与积极向上、开拓进取的时代风貌相吻合。全桥建筑线条简洁明快、刚劲有力、气势挺拔，充分展现出“桥、水、城、人”的景观人文联系及特征，塑造出独特的标志性大型桥梁景观形态，展现出国际性大桥非凡的气魄和睿智。

23 大桥的靓丽晚妆

精心设计的灯光秀与时代主题共鸣，与城市文化交融，使沪苏通长江公铁大桥成为两岸居民的打卡胜地。

以世界级桥梁为建设目标的沪苏通长江公铁大桥，设置了亮化工程，以促进自身作为地标建筑与城市的有机融合。灯光秀在夜幕下上演时，“金山银山，绿水青山”“山河无恙，红旗飘扬”“跨江融合，联通南北”“锦绣中华，再创辉煌”四个动态主题场景或彰显吴韵汉风、兼容并蓄的文化内涵，或传递两岸人民连通南北、比翼齐飞的美好希冀，总能让流连于江畔的人们纷纷驻足留影。

大桥亮化工程的承光载体包括主塔、斜拉索、公铁两层轮廓、航道桥桥墩、拱桥拱身及系杆等；按照双城地标、层次分明、人光互动、低碳节能的原则，兼顾远、近景以及俯、仰、平各视角需求，塑造核心大立面，重点突出桥梁结构特点，用七彩灯光在夜空中重新勾描点染出大桥的轮廓、层次和立体形态，尤其是主航道桥、天生港专用航道桥和公路层、铁路层；亮化主体还原钢结构的“蓝色初心”，以金色、红色、蓝色展现核心区域常态效果。

亮化工程的开灯组合多变，两层轮廓的点光源可实现跑动、追逐的光影变换效果；各处灯具支持DMX512控制，色温、亮度可实时调节；全桥亮化系统支持远程控制，可在后台进行场景模式的编排和调整，并预留了接入城市区域亮化控制系统的条件。

亮化工程共使用灯具近7000套，全部采用高效节能的LED灯具，光源寿命长，能耗不到传统气体放电灯具的一半。

工程报装用电容量约为1000kVA，满负荷运行1小时耗电不超过700度，并可通过优化开灯方案进一步节约电耗，降低使用成本。景观灯具大多利用桥梁附属结构安装，对桥梁主体结构影响小；灯具与安装支架涂装与安装位置相协调，保证了日间的桥梁景观效果不受影响。

此外，考虑到主航道桥及天生港专用航道桥造型独特，亮化工程的设计经过了专业照明软件的仿真计算，实现了既有效减少光污染和视觉眩光，保证对铁路、公路行车安全及水中船舶航行无干扰，又让巍峨笋立的大桥如花朵般在夜空中美丽绽放。

沪苏通长江公铁大桥落成通车后，两岸的人们不但拥有了一条南北交通的坦途，更多了一处网红打卡胜地。每当大桥换上绚丽的晚妆亮相，华彩流溢的灯火与波光粼粼的水面相映成趣，江天之间金丝缕缕，熠熠生辉，不愧为一派民族复兴大时代的盛景！

24 江涛海韵、翔起浪尖——大桥桥铭牌

弘扬两岸人民的时代精神，反映南通和张家港的地方文化和城市愿景，纪念7000多名大桥建设者的辛勤付出，沪苏通长江公铁大桥的桥铭牌为人们留下历史的记忆。

沪苏通长江公铁大桥主航道桥南端、专用航道桥北端公路桥面中心线处，矗立着大桥的桥铭牌。

桥铭牌上部的红色雕塑，寓为“江涛海韵、翔起浪尖”，以“海鸥逐浪追梦”为基本构图，具象和抽象相结合，彰显“沪苏通”城市群“揽江拥海、包容会通”的恢宏气度，抒发长江两岸人民“勇立潮头、起翔腾飞”的时代精神。海鸥翻飞，浪花激荡，象征速度与激情，赋予斗志和使命。雕塑回旋有力，气势上扬，意指中国公、铁桥梁，豪迈自信，以中国加速度突飞猛进，超越世界，引领未来。雕塑色彩采用醒目的朱红色，形成视觉冲击；桥名文字采用麦芽金色，庄重大气。造型轻盈通透，线条回旋流畅。底部基座采用浮雕与铭文装饰，左右侧浮雕分别反映了南通与张家港地方文化及城市愿景。

左侧浮雕作品以南通濠河景观带为蓝本，结合南通“近代第一城”的城市建筑景观绘制而成。濠河河道曲曲折折，迂回激荡，呈倒置的葫芦形状环抱老城区，形成了“水抱城、城拥水，城水一体”的独特风格，素有“江城翡翠项链”之称。浮雕呈现了近代南通城中西合璧的建筑，如南通钟楼、文峰塔、南通博物院等风景名胜，画面线条流畅生动、景色优雅恬静，生动地展示了濠河古韵之美，体现了南通特有的江风海韵之地域文化。

右侧浮雕以长江、鉴真东渡、张家港精神为主题。鉴真东

渡是张家港走向国际的象征；长江、码头、帆船和暨阳湖塔构成了张家港市的独特风景；“团结拼搏、负重奋进、自加压力、敢于争先”为张家港精神，引领着张家港市实现经济社会快速、健康、协调发展，一个环境优美、生态良好、文明时尚的张家港市跃然屹立于前。

沪苏通长江公铁大桥的桥铭牌是对7000多名大桥建设者辛勤付出的纪念，镌刻着我国建桥工人敢为人先的创新精神、精益求精的工匠精神和吃苦耐劳的奉献精神，留下了交通人和两地人民意气风发向着全面建成社会主义现代化国家的第二个百年奋斗目标迈进、为实现对美好生活的向往不懈努力的历史记忆。

桥铭牌

下篇　建设施工

基　础

主航道桥

1 建设目标不仅仅是一座实体大桥

创世界一流，须理念先行：要在既往管理理念的基础上总结、细化，要在建设过程中持续完善、丰富；建设“管理大桥、精品大桥、科技大桥、文化大桥、和谐绿色大桥”是指引，建立标准化管理体系、推广机械化建设、强化落实现场作业标准、实行大构件生产工厂化、打造智能建桥生态是抓手。

沪苏通长江公铁大桥在建设之初，即确立总体建设目标是“创建标准化管理示范工地，铸造世界一流桥梁精品工程”。建设指挥部在此基础上，结合过往综合性复杂型项目管理经验，细化提出要建设“管理大桥、精品大桥、科技大桥、文化大桥、和谐绿色大桥”的基本理念。在六年半的建设历程中，该理念不断得到完善、丰富。

伟大的事业，必须要有行之有效的管理体系和科学的管理手段做支撑。建设“管理大桥”的基础是国铁集团标准化管理经验。自 2008 年以来，铁路系统认真总结多年来铁路建设的成功做法和经验，积极借鉴国外先进的管理理念和方法，全面推行项目标准化管理，努力提升铁路建设管理水平。经过近 8 年的持续努力，铁路建设项目标准化管理已经深入人心，成为铁路建设参建各方的统一意志和行动，为依法建设、规范管理和优质高效完成任务发挥了重要作用，并且，作为一种成功的实践，铁路系统的标准化管理也开始向其他基础建设领域辐射。

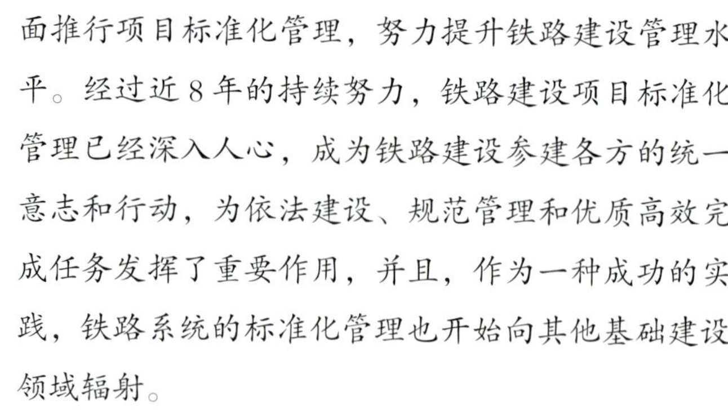

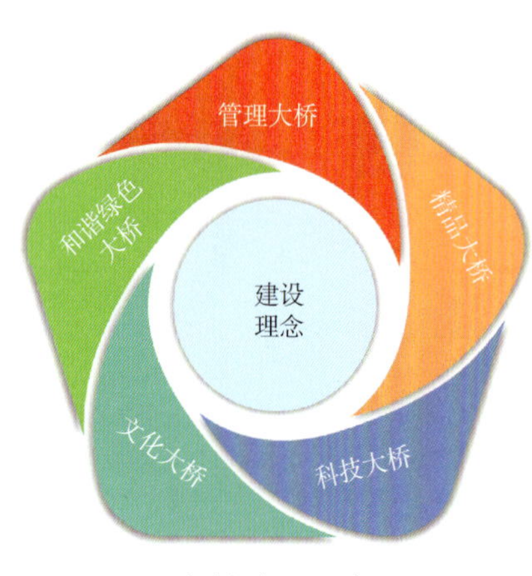

大桥建设理念

沪苏通长江公铁大桥建设指挥部在此基础上，以标准化总体规划为先导，结合沪苏通长江公铁大桥设计特点，编制了纲领性文件，建立了标准化管理体系，主要包括“标准化管理总体规划”“基本管理制度”“安全文明工地建设标准”和“管理考评办法”四方面内容；强化施工组织管理，动态调整施工组织计划，重点优化关键工序，切实发挥建设指导作用；推行以严格的过程控制和考核为主的制度化管理。

指导性管理文件

在合理配置先进设备、研发专项设备，推广机械化，减少人工操作方面，指挥部的做法一是合理配置先进的成套设备，发挥设备综合优势，提升效率。例如在钢梁厂推广采用了数控切割下料系统及焊接机器人等最新加工设备，提高了工效。二是关键工序优先采用先进设备。三是研发专项设备，突破施工极限。例如新研发的1800t架梁起重机，创造了新的吊重纪录，实现了多项核心技术创新。

在发挥专业化优势，强化落实现场作业标准方面，指挥部一是落实操作人员专业化要求，严格专业考核和上岗资质审查。二是推进作业班组的专业化。通过细分工序，设置专职管理人员，建立各项管理制度，固化班组职责。三是推进工序专业化。针对主体施工安全、质量管控重难点，现场运用了大量科学有效的工序优化手段，降低了主体施工管控风险。四是实现第三方检测专业化。委托专业的第三方检测单位，独立对建设关键指标全程检验，并将他们纳入标准化创优考评。

在充分依托地方工业制造优势，实行大型构件（如巨型钢沉井及大节段钢梁）厂内生产方面，指挥部做到以下两点：一是社会优势资源可以提供专业工厂生产的工序，依托专业工厂的专业优势。在巨型钢沉井、钢围堰制造中，利用长江沿岸大型船坞专业化工厂制造。二是社会资源不能提供的工序和作业，组织车间化生产，提升施工现场工厂化水平。钢筋加工、节段梁、槽型梁、公路桥面板、梁面附属结构等预制构件和混凝土生产都实现了工厂化，有效保证了工程质量。

不仅如此，指挥部还扎实推进信息化工作，提升大桥建设信息化水平：在建设期提前引入工程健康监测体系，积极开展BIM技术应用研究；以BIM技术为核心，打造了具有跨界应用、多维监控、时效分析功能和高自动化特色的智能建桥生态，得到业内专家的广泛认可。

沪苏通长江公铁大桥建设管理工作上的突破创新，以科技引领、继往开来为重要依托。而指挥部要主导各参研单位，打通产学研用链环，推动对一系列“卡脖子”技术的突破，就需要有一整套科技创新管理体系。为此，指挥部明确了设计阶段以设计型科研为主导，建造阶段聚焦施工型科研，并注重向全生命周期运维的延伸，从基础、索塔、钢梁、智能建造四大方面，系统性研究“四新”技术；通过建立咨询专家团队，落实技术研发及应用责任，狠抓阶段性考核，有效保障了科技创新成果质量。

科技攻关可以通过不断试错、优化，解决“从0到1”的问题，但精品大桥从0m到1092m再到11072m的建设永远没有试错机会。大桥在建设过程中实行指挥部、设计、监理和施工单位四位一体的质量安全控制保证体系，坚持以工程质量安全为核心，全力打造精品工程，按照依法合规、落实各级主体责任、严格工地质量安全标准、创新管理模式手段的指导思想，遵循源头把关、过程控制、严格验收的质量管理程序，坚持全员、全方位、全过程加强质量安全日常管理工作，全面提升项目质量安全管控能力和水平。

为保障大桥安全优质建成，指挥部搭建了相应的保障体系，从原材料、施工、检测、监控等方面狠抓安全质量管控工作，全面推行首件评估制度，强化工艺试验与验证，并结合智能建桥手段，补全管控漏洞和短板；最终创造了101小时大体积承台连续浇筑无缺陷、大桥主塔内实外美、三主桁钢梁高精度合龙等成绩。

“文化大桥”的建设立足于竞赛文化、人文文化、桥韵文化和宣传文化。指挥部深入构建路地联动机制，以劳动竞赛凝聚、激发参建单位建设活力；始终聚焦主业，注重项目建设与企业文化建设协调推进，增强建桥工人文化自信，将“外树形象、内鼓士气，促进工程建设”作为主题，组织开展了文化建设“五个一”（摄影集、征文集、诗集、书画集、影像和报刊集）系列活动，并充分对接央视等主流媒体，严谨、及时、全方面报道大桥建设成就。

在大桥建设全过程中，指挥部始终贯彻“创新、协调、绿色、开放、共享”的新发展理念，推进“和谐绿色大桥”建设：始终注重加强与地方、行业之间的联系，依托地方政府、铁路局、铁办、海事、公安、水警、工会、文联等部门有效开展各类共建活动，形成了路地之间互促共进、和谐相处的良好局面；坚持以绿色施工为宗旨，贯彻“节约优先、保护优先，自然恢复”的方针，最大限度地保护环境。

2 亚洲最大船坞的“新客人”——巨型钢沉井的整体制造

主桥主塔钢沉井在工厂整体制造而成，重达 15000t，边墩、辅助墩钢沉井为分段加工预制。通过运用造船技术制造钢沉井，大幅提高了钢结构的焊接质量，实现了钢沉井制造与墩位处锚碇系统施工的同步展开。

沉井是井状的结构物，按其材料分为钢沉井和混凝土沉井。经过井内挖土，沉井依靠自身重力克服井壁摩阻力，下沉到设计高程，然后经过混凝土封底、填充井孔，成为桥梁墩台或其他结构物的基础。

沪苏通长江公铁大桥主桥跨度达 1092m（两个桥塔中心之间的距离），巨大的上部结构重量，包含主梁及汽车、火车的重量一并通过拉索传到桥塔，再传到基础，所以主墩基础要承受几十万吨的重量。与此同时，大桥的基础还要承受风力作用带来的强大的水平力和水流冲刷带来的影响。只有采用沉井基础，才能够抵抗如此巨大的竖向重量及水平力。

主航道桥的 6 个桥墩均采用沉井基础，其中两座主塔的基础最大，平面尺寸为 86.9m × 58.7m，基础高度分别为 105m 和 115m。沉井均采用钢混结构，下部为钢壳结构，上部为混凝土结构。主塔钢沉井在工厂整体制造而成，身高 56m，体重 15000t；边墩、辅助墩钢沉井为分段加工预制。运用造船技术制造钢沉井，能够大幅提高钢结构的焊接质量，还可利用船厂的大型起重设备、码头和船坞，减少墩位接高工序，并为钢沉井出坞、浮运创造条件，实现钢沉井工厂化整体制造与墩位处锚碇系统施工的同步展开。长江下游发达的造船业，装备精良的造船企业，大型船坞、码头，深水航道等为超大型桥梁基础的整体制造提供了得天独厚的条件。万吨级巨型钢沉井整体制造、出坞、浮运成套技术应运而生。

万吨级的巨型钢沉井有多大，制造的工序有多复杂？钢沉井平面布置24个12.8m×12.8m的井孔，平面分为35个制造块段，竖向每6m或8m为一节，28号墩分7节制造，29号墩（28、29是两座主塔桥墩的序号）分9节制造。如果把每个井孔看成一套160m²的大户型房子，每节看成一层楼，两个沉井分别相当于一栋168户、一栋216户的楼房。只不过这些“楼房”是全钢建造的，主要为角钢和钢板焊接而成的双壁结构，单个沉井角钢用量超过30万延米。从单元制造到块段制造，然后分块拼装成节，最后成为整体，这么大的工作量，需要超过1000名各类工人和管理人员在熔盛重工4号船坞这个逾80000m²的亚洲第一大船坞的制造场地上，流水化作业90天的时间；还需要各类焊接、数控切割、起重机、台车等50余种机具设备，其中最大的起重设备是一台1600t的大龙门吊。

尺寸巨大，工序烦琐，建造的质量标准却丝毫不能降低。长度为86.9m，成形的平面尺寸误差控制在2cm以内。经过一系列检验合格后，还要进行水密和气密试验，以保证这个庞然大物坚固无比。

钢沉井整体制造

3 15000t的巨型钢沉井如何离开“产房”、击浪长江？

自浮吃水深度达到12m，怎样越过允许吃水8.5m以内的船坞“门槛”？出坞、浮运方法创新助巨型钢沉井“跃龙门”、游长江。

沪苏通长江公铁大桥主航道桥28号、29号墩的沉井基础，浮运重量最大达到15000t，自浮吃水深度达到12m。把它们从船厂运到桥墩的既定位置是一个很大的难题：钢沉井在离开船坞，“游”向长江时，首先必须经过一道坞门坎，而这道坎即使在长江水位达到高潮位时也只能允许吃水8.5m以内的漂浮物或船舶顺利通过，钢沉井的吃水太深，跃不过这道坎；况且即使不考虑这道坎的影响，如此大的吃水深度也会使沉井在长江航道里浮运时搁浅的风险大大增加。钢沉井出坞、浮运的方法亟待创新！

施工单位中铁大桥局的工程师们经过一番“头脑风暴”，研究出了“打气、增压助浮”的方法。这种助浮方法是使用助浮盖板封闭部分沉井井孔并向封闭井孔里打气，利用气压排出封闭井孔内的水，从而增大浮力，减小钢沉井吃水深度。钢沉井共有24个井孔，井孔尺寸为12.8m×12.8m，出坞、浮运过程中需将钢沉井的吃水深度控制在8m以下。工程师们由此计算出需要封闭24个井孔中的12个，并将这12个助浮隔舱内的气压控制在137.17kPa。为保证沉井的平衡性，12个封闭井孔须对称布置，且每个井孔内的充气压力基本相等。为此，工程师们配置了包括气压、液位实时监测系统和供气系统在内的助浮系统。供气系统可实现集中供气、单点控制，能够满足各助浮井孔同步充气、沉井平稳起浮的要求，而且可以通过充气和放气，随时调整沉井的起浮姿态。

2014 年 6 月 22 日凌晨，沉井的增压助浮顺利完成。随着长江水位渐渐上涨至当天最高（+2.5m），8 艘拖轮组成的编队依次进入预定位置。指挥员一声令下，拖轮从不同的角度迅速与 28 号墩沉井连接，缓缓地将沉井拖出船坞。

此时的江上，微风徐徐。在海事部门的配合下，所有航运船舶为钢沉井浮运腾出了航道，翘首以待这个顶面面积 $5100m^2$ 的大家伙浮运成功。经过 90 多分钟劈波斩浪而又小心翼翼的紧张工作，28 号墩钢沉井终于顺利就位。此后，29 号墩沉井也用同样的方法精准到位。15000t 的巨型钢沉井“跃龙门”、游长江的难题圆满解决！

沉井浮运

4 浪上穿针？千吨级锚碇系统保证巨大沉井精准就位

水深流急，传统结构形式的锚碇系统都不能满足需求，沉井定位的安全、精度难保障。新型锚碇系统和计算机控制液压动力多向同步快速定位技术，解决困扰行业五十年之久的难题。

锚碇，一直都是深水基础施工的明星。不管是钢围堰还是钢沉井，入水后最为关键且风险最大的工序就是定位，而锚碇系统结构形式合理正是保证深水基础能够成功定位的关键，至关重要！

以往长江流域的深水基础施工，钢沉井或者钢围堰所面临的最大水流阻力一般都在2000kN以下，其锚碇系统大多采用多个霍尔式铁锚加前后定位的柔性锚碇体系，或是在基础的上下游分别插打多根钢桩而形成的高位锚墩结构体系。

这两种结构形式相比较来看，前者由于单个霍尔式铁锚能够提供的锚泊力很小，因此定位水流力越大，需要的铁锚就越多；铁锚越多，整个锚碇体系的受力也就越复杂，控制难度越大，定位刚度差，而且很容易出现定位缆绳被拉断的现象。这种结构形式安全风险比较大，且定位精度相对较低。而高位锚墩结构体系，则是利用群桩基础加重力承台的结构形式，提供定位用的锚泊力。这样的锚碇系统，定位锚固点位于锚墩基础的顶面，在水比较深的情况下，群桩基础需要承受较大的弯矩，造成在大水流力条件下的锚泊定位，锚碇系统的工程量将大幅度增加。因此，可以说由于结构受力不合理，经济性较差。

而沪苏通长江公铁大桥有着千米级的跨度和重载铁路、高速公路等重量级荷载；主航道桥主墩基础是世界上最大的水中沉井基础，平面尺寸达 5100m^2，相当于 12 个篮球场的面积。显然，两种传统结构形式的锚碇系统都不能满足沪苏通长江公铁大桥的建造要求和设计标准。如何保证这样一座庞大的沉井在水文条件复杂、水深流急和长江中下游双向潮流的影响下精准到位，成了施工单位中铁大桥局面临的一大难题！

为此，参与大桥建设的专家团队进行了专题研究，参考国内外大型沉井施工案例，对定位船、锚墩、锚桩和锚碇定位系统方案进行了深入研究，并邀请国内桥梁、水利和海事专家对施工单位建议方案进行了进一步深入研讨。根据主墩、边墩、辅助墩沉井结构、制造特点及水文特点，最终确定主航道桥 28 号、29 号墩沉井定位采用“大直径钢管桩 + 混凝土重力锚”新型锚碇系统和计算机控制液压动力多向同步快速定位技术。

这种新型锚碇系统是在沉井的上下游插打大直径钢桩作为主锚，锚绳通过可以调整高度的装置锚固于河床表面，大幅度减小桩身结构的弯矩，充分利用桩周土抗力提供锚泊的水平力和上拔力，单个钢桩可承受 3000kN 水平力。主锚缆绳分为上下两层，形成空间结构，提升了定位系统的刚度。与传统的沉井定位多采用的“导向船 + 锚碇”和“锚墩 + 锚碇”的沉井定位系统相比，新系统主锚受力锚桩结构简单、受力明确，施工方便快捷；蛙式重力锚自重大、抓力大，有效抑制了沉井浮体的水平摆动。新方案的实施，帮助大桥建设者准确掌握了水流、潮汐变化情况下钢沉井定位过程中的四角高差、垂直度和平面扭角等几何姿态，实现了钢沉井下沉过程中的快速动态微调及注水着床时的精确定位，使钢沉井结构安全顺利着床。

实践证明，沪苏通长江公铁大桥的大直径钢锚桩锚碇系统，锚固装置拆装方便快捷，其锚固点设置在河床面，充分依靠桩周土抗力来提供水平力和上拔力，大幅减少大直径钢桩的弯矩；通过结构上的创新，形成了一套空间刚度大的锚固体系，不仅实现了巨型钢沉井的精确定位，也解决了困扰行业五十年之久的沉井定位横水流摆动难题。

此外，针对沉井在着床过程中需精确定位，尤其是矩形沉井不仅需精确定位纵桥向、横桥向平面位置，还需精确定位平面扭角的问题，研究团队充分利用大截面沉井顶面面积大的特点，首次在沉井定位中采用计算机控制液压动力多向同步快速定位技术，将定位调整系统布置在沉井顶面，将传统的卷扬机

主墩钢沉井定位

收缆方案改为使用 350t 连续千斤顶收缆方案。通过计算机控制系统同步控制所有连续千斤顶的张拉和放松，在沉井着床过程中，同步快速对钢沉井纵桥向、横桥向以及平面扭角三个自由度进行调整，实现钢沉井快速精确定位着床。其中，28 号墩钢沉井着床最大平面偏差甚至仅有 0.29m，扭角仅有 18′，实现了真正意义的精准定位。

5 小沉井，大文章——定位关键技术

突破常规的“4 根锚桩 + 浮吊安装 + 定位辅助调整”施工技术，精度高，工期短，可回收，造价低，经济效益明显。

沪苏通长江公铁大桥主航道桥的边墩、辅助墩与两座主墩一样，都是采用沉井基础。它们的定位如果采用常规的锚碇系统，不仅将占用大量水域，数量庞大的铁锚资源一时间也难以组织到位。

为解决钢沉井在双向水流作用下快速定位、精确着床的难题，施工单位中铁大桥局针对桥位处水深、流速大、覆盖层深厚等水文和地质条件，采用了“4 根锚桩 + 浮吊安装 + 定位辅助调整”的施工技术，也就是在沉井井孔内设置定位锚桩，并在沉井结构处设置下导向，在钢锚桩顶部设置上导向结构。这种施工方案，构思新颖，定位速度快、精度高；钢桩阻水面积小，可减少河床冲刷，有利于钢沉井着床稳定。

具体来说，“4 根锚桩 + 浮吊安装 + 定位辅助调整”的施工技术具有以下优点：定位系统结构简单，易于施工，可回收，造价低；操作方便，定位速度快；刚度大，可克服沉井周期性摆动难题；上、下导向对沉井进行多点支撑，可在突沉过程中实现有效限位，阻止突沉造成偏位的加大；节省临时结构用量，缩短了工期，提升了工作效率，经济效益明显。

辅助墩内部大直径锚桩定位

6 百米水深下沉井基底情况如何检查？

联手海洋工程领域专业团队，采用多波速声呐、机器人高清摄像、海床式静力触探等一系列先进技术，破解沉井基底检测困境，为后续施工奠定坚实基础。

沪苏通长江公铁大桥主航道桥的主墩和边墩、辅助墩都采用了沉井方案。当沉井终沉至设计高程之后，根据桥梁建造规范和总体设计要求，应当对沉井基底情况进行检查；确定其符合要求后，才能进行混凝土封底施工。这是在封底施工前不可或缺的一道重要工序。然而，由于大桥沉井基底处于水面以下超百米处，无法采用传统的潜水检查手段。

为确保沉井基底检测结果的准确性、可靠性，施工单位主动找到专门从事海洋工程领域水动力研究的中船重工 702 所展开技术合作，采用多波速声呐技术对深水沉井基底平整度进行多波速扫测，并在井下环境条件允许的情况下，使用机器人携带高清摄像头对沉井井壁进行拍摄录像，精确量测沉井基底高程和基底清基情况。这项技术的应用，攻克了传统采用测量绳量测基底高程误差较大且无法直观检查基底清理状况的技术难题。此外，还通过海床式静力触探（CPT）系统探测仪，探测超百米水深下的地基土性质，准确地反映出基底浮土厚度及原状土性质，初步判定基底承载力；结合传统测量手段，实现了对沉井基底的定性、定量分析。

正是这一系列先进的沉井基底检测技术的应用，保证了检测质量，提高了检测效率，也为下道工序施工奠定了坚实的基础。

7 开创先例——超深水地基加固技术

水面以下 120m，松散扰动地层的基底加固，工程实例极为少见，没有成熟施工经验可以借鉴，如何施工，如何保证施工质量?

沪苏通长江公铁大桥 29 号桥墩沉井外水深 50m，江水最大流速超过 1.5m/s，且临近沉井边的涡流的流速更大、情况更复杂，因此基底加固总深达水面以下 120m。经过对垂直旋喷、碎石桩、注浆等工法的比较，考虑到施工作业区域的地质情况、作业环境以及可实施性，决定采取注浆加固的工法对松散扰动地层进行加固处理。然而，虽然水下深孔注浆在理论上可行，但工程实例极为少见，没有成熟施工经验可以借鉴。如何施工，如何保证施工质量，这是摆在施工单位中铁大桥局面前的一大难题。

办法总比困难多。先摆问题，然后试验，最终检测验证，三步走的方案应运而生。

采用 Φ300mm 钢套管对钻孔进行保护，在钻孔过程中根据水流方向采用钢丝绳反向张拉，实时纠偏，以保证钻孔套管不发生移位；根据潮涨落情况及时纠正、调整钢丝绳来稳定套管，纠偏套管倾斜度，尽量避免套管摇晃撞击注浆芯管；选用承压能力大于 8MPa 的 ZF-A50 耐高压止浆系统，以保证注浆的顺利进行；采取特殊的加工措施制作刚性袖阀管，实现在高压作用下的单向溢浆。一系列的措施，攻克了注浆存在的深水钻孔套管垂直度难以保证、沉井外侧水流影响钻孔套管下放定位、深水密实和扰动砂层注浆效果无成熟施工经验等难题。

长江上钻孔、注浆平台

通过在岸上和水上开展钻孔注浆试验，并进行注浆效果检测和结果对比分析，最终确定注浆方式和注浆材料参数。通过搭设专用钻孔平台，采用超长套管打入河床、精确对位的施工工艺，既保证了钻孔定位的精度和垂直度，又为孔口压浆提供了便利，保证了压浆质量。

对基底注浆加固效果进行检测评估，认定注浆后的基底砂层承载力超过了原状土，满足设计承载力要求，达到了注浆加固的目的。

8 防冲刷新工艺，让大型沉井平稳着床

沉井周边河床受水流冲刷严重，给沉井着床稳定带来不安全因素。大桥设计人员展开科研，进行试验，开发预抛填处理施工工法，消除了沉井因河床局部冲刷过大发生倾斜没顶的风险。

水流对河床的冲蚀淘刷过程称为“冲刷”。大凡水流的挟沙能力大于上游的来沙量时，河床都会出现冲刷现象，具体又可分为在河床上较普遍发生的一般冲刷和受工程影响而发生的局部冲刷，例如由于桥梁墩台结构压缩了河床断面，河床泥沙在水流作用下，向下游搬移而引起河床降低。

沪苏通长江公铁大桥桥址位于长江三角洲平原区。区内第四纪沉积厚度一般在240m以上，为松散的碎屑堆积而成，由上至下依次为粉土、粉砂、细砂、中粗砂，其成分复杂；成因类型多，以冲击、冲海积、冲湖积为主。由于桥址水域的主航道水深流急，作为大桥涉水主塔墩基础的沉井尺寸巨大，造

河床冲刷试验

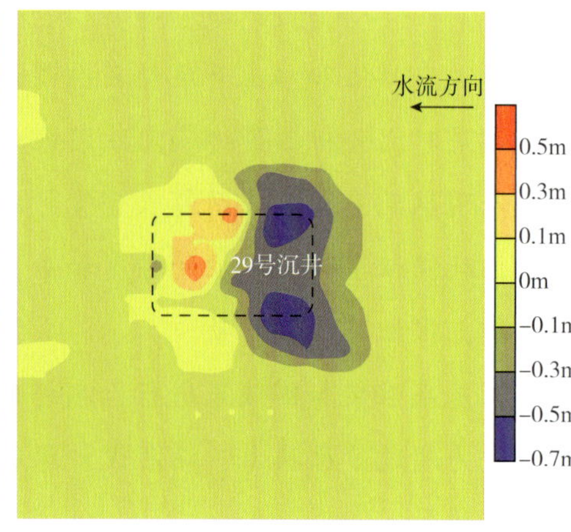

冲刷试验分析

成沉井迎水面积也较大，使得主墩沉井着床及下沉过程中，沉井周边的粉土、粉砂、细砂易受冲刷。一般冲刷深度可至高程 −37.5m，局部冲刷可至高程 −75m。

预防护试验

在沉井施工期，尤其是在着床及下沉过程中会产生不同程度的局部冲刷，水流对河床的淘蚀深度和淘蚀范围不确定。如果冲刷幅度较大，将影响沉井着床精度、姿态和安全，对已着床沉井的稳定性也会形成严重威胁。为解决局部冲刷给沉井着床稳定带来的不安全因素，保证沉井顺利施工，确保结构安全，设计单位中铁大桥院通过科研课题进行了物理模型试验，进而预先感知结构的冲刷特性，得出流速与局部冲刷深度的关系。

根据沉井着床河床冲刷试验结果，研究确定预防护体系由反滤层、防护层和棱体结构构成。29 号墩采用了预抛填处理的施工工法，河床防冲刷效果明显。沉井着床定位后，沉井平面位置和姿态基本未发生变化，达到了河床预防护的目的，确保了沉井的平稳着床，消除了沉井因河床局部冲刷过大发生倾斜没顶的风险。

9 “盾壳”智斗超深水下混凝土“蛟龙”

主墩钢管柱水下 80m 混凝土灌注须同时解决超深水、长流距、大阻力三大难题。试验证明，常规工艺完全无法满足对混凝土质量提出的要求。大桥建设指挥部组织开展专项课题研究，发明“盾壳法”密实成桩技术，大幅降低桩体混凝土离析分层、堵管、断桩等风险，保证了混凝土施工质量。

如果说沪苏通长江公铁大桥 330m 高的主塔建设中混凝土一泵到顶是“上天揽明月”，那么主墩钢管柱水下 80m 混凝土灌注则称得上是“深水镇蛟龙”。沪苏通长江公铁大桥 29 号墩沉井共有 24 个大隔仓，每个隔仓设置一根外径 10.2m、深 84.7m 的钢管柱。这些“定海神针”系全钢打造，由内外双壁“卷筒”和内部骨架支撑组成。由于需要承担上部结构传递的千钧之力，就设计角度而言，向双壁“卷筒”间灌注混凝土无疑是最为经济高效的选择。

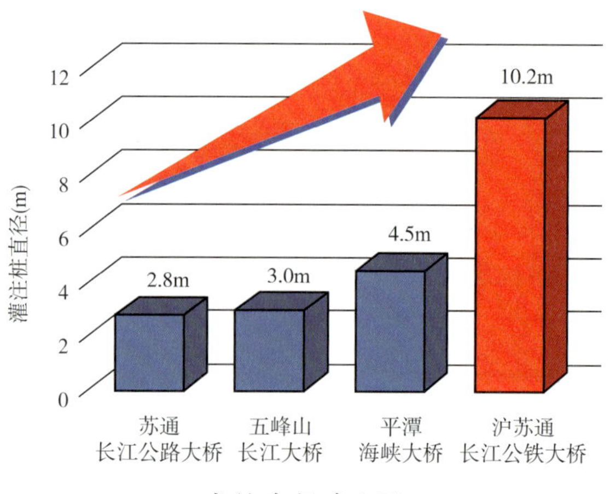

成桩直径对比图

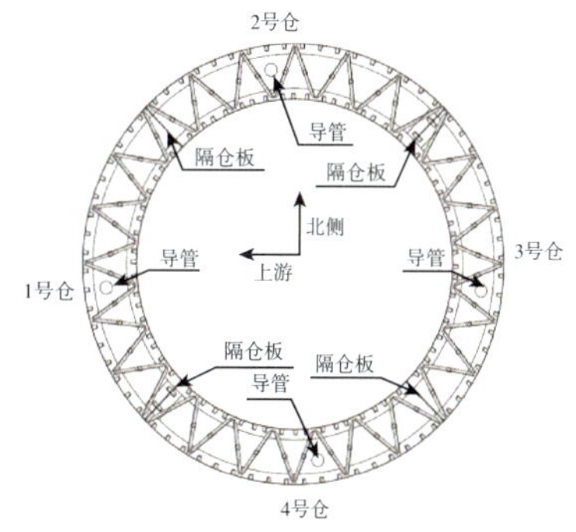

钢管柱示意图

可是深水混凝土灌注绝非易事。一般水深超过40m，就可归为超深水区施工，需要开展专项研究论证。沪苏通长江公铁大桥的相关施工水深达到79.7m，泵管过长将明显增大混凝土堵管和离析的风险；3倍于苏通长江公路大桥（钻孔桩直径2.8m）的成桩直径（10.2m）也使得混凝土流距远、高水压下水平方向扩展过程中离析风险大大增加。此外，由于钢管柱双壁内部骨架构造复杂，由竖向钢板分割的4个小隔仓空间狭窄（小隔仓净面积仅4.69m^2），混凝土由下至上填充过程中阻力大，将明显削弱集料（砂石等）的自由运动。综合因素导致施工时极易出现混凝土堵管、断层和集料不均等问题。工程师们必须同时解决超深水、长流距、大阻力三大难题，而当时工程行业尚无现成的经验与标准可供借鉴，试验证明常规工艺下完全无法满足对混凝土质量的要求。

为了突破这一关键技术瓶颈，大桥建设指挥部组织参研、参建单位开展了专项课题研究。研究发现，在该环境下，传统观念认为的“新浇筑混凝土流进之前浇筑混凝土下部，因而受到保护，不与水接触”的观点是不正确的；混凝土在高速灌注的过程中，集料及胶凝材料等成分极易受水侵蚀而分散（工程界将这种严重的施工质量缺陷称之为“洗澡”），而为保证灌注顺畅选择高流动性混凝土的做法更是会加剧“洗澡”的风险。

如何取得突破？工程师们在中性笔笔芯里找到了研究灵

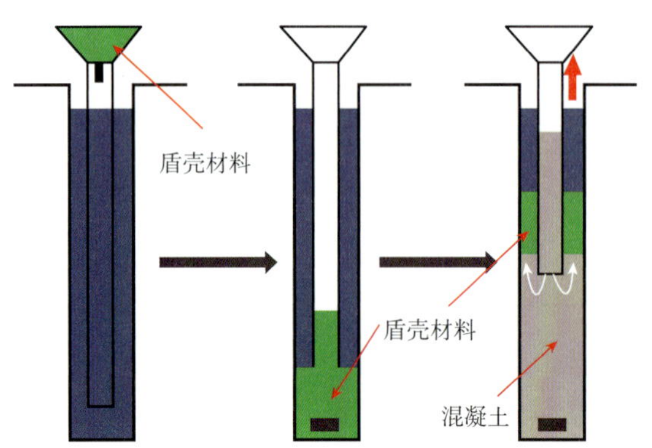

“盾壳法”密实成桩技术示意图

感。笔芯油墨上方的油性浮塞，阻隔了油墨与空气的接触，从而避免了油墨水分蒸发或受潮，同时防止油墨倒流。工程师们受此启发，通过大量的理论计算和模型试配试验，发明了“盾壳法”密实成桩技术。

在混凝土灌注前，首先将一种密度高于水的高抗水分散能力、高流动性的液体高分子材料灌注到管柱底部，让其在自重作用下快速扩散充填导管底部，形成一个保护“盾壳”。在“盾壳”的保护下，高流动性混凝土在初速度和重力作用下自动填充钢管双壁之间。

大桥工程师们反复优化配合比，开展1∶1尺寸的模型试验，结果表明“盾壳法”成桩密实，质量较常规技术明显提升。

试验通过后，现场灌注施工即紧锣密鼓地展开了。每根钢管柱多达2820m^{3}的混凝土，40小时不间断一次性灌注，无堵管现象，经声波透射法检测无断桩、无缺陷，证明了“盾壳法”密实成桩技术能够大幅降低桩体混凝土离析分层、堵管、断桩等风险，保证超大深水基础结构水下混凝土的施工质量。“盾壳”从此成了镇压“蛟龙”的工程利器。

ZOOMLION

专用航道桥

10 “超级设备”护航深水区护筒施工

水深 17m，潮水落差大，用传统方式沉放主墩钢护筒，不但速度慢，钢护筒垂直度也很难保证。深水打桩“航空母舰”大显身手，既保证了施工质量，又显著提升了施工工效。

2014 年 4 月，靠近长江入海口的天生港航道边，常常能见到沪苏通长江公铁大桥Ⅰ标项目的负责人看着湍急的长江水出神。项目进场已经一个多月，施工现场各项准备工作也都在稳步推进，但天生港专用航道桥主墩钢护筒沉放方案却迟迟未定。心头这个“大石头”不放下，他寝食难安。

钢护筒是一根空心大钢管，是大桥桩基钻孔施工的支撑和导向，要在钻孔前打入河床。大桥 3 号和 4 号主墩需沉放 72 根长 46m、重 60t 的钢护筒。以往的护筒沉放通常采用大型浮吊施工，而天生港专用航道桥处在有着“钢结构之乡”美誉的南通，利用水域内大型浮吊进行沉放是理所当然的事情，不仅可选择余地较大，而且费用经济合理。为啥他还在为方案犯难呢？

3 号、4 号主墩位于天生港航道湍急的水流中，水深达 17m，每日潮水两涨两落，落差大。专用航道桥的建设是整个项目的控制性工程之一，时间紧、任务重，如果按照传统做法，采用浮吊船施工，钢护筒沉放速度一般为 1~2 根 / 天，而且在高速水流中钢护筒垂直度很难保证，后续施工进度和质量将大受影响。因此在准确评估桥位水文条件后，项目部排除了利用浮吊船沉设钢护筒的常规方案，钢护筒下放由此成了一个难上加难的问题。

既然常规工艺不可行，那就试试“超级设备”！这时，曾经在杭州湾跨海大桥建设中大显身手的超级设备，有着深水打桩“航空母舰”美誉的“海力801”打桩船出现在中交第二航务工程局有限公司工程技术人员的脑海中。

海力801打桩船长80m、宽30m，总排水量达到8000t。它独有的7个重达10t的海军锚及4根液压锚碇桩，使它能够适应风大流急的施工条件，在9级以下的风中都能正常作业。它可以进行长达95m、重达100t的桩基沉设；它的桩架可以360°回旋，船体固定在一个位置后能把相近几个位置的桩都打下去，不需要频繁挪动船体；拥有先进的GPS定位系统，可在钢护筒沉设的过程中提供三维坐标，定位精度达到2cm。

“海力801”打桩船沉放深水区主墩钢护筒的方案经过项目部研讨后很快确定了下来。打桩船不负众望地将72根长达46m的钢护筒准确插入河床，将钢护筒垂直度控制在1/800以内，沉放速度平均10根/天，最多达到13根/天，不仅保证了钢护筒沉放质量，也显著提升了施工工效，为大桥建设推进打下扎实的基础。

“海力801”施打钢护筒

11 码头巧设计，实现钻孔平台与码头功能相结合

发现购买设备需要花费 400 万元，建设者们琢磨出了用钻孔桩施工阶段使用过的龙门吊从运输船上取件，将构件吊放至运输车辆上的装卸方案，用小投入解决了大问题。

龙门吊起吊能力大、设备费用相对较低，堪称工地上的“老黄牛”。沪苏通长江公铁大桥钻孔桩施工采用钢平台作业的墩位，均采用龙门吊吊装钻机和钻头。在钻孔平台两侧插打两排基础桩，安装好承重梁、铺设好轨道后即可让龙门吊“循规蹈矩”地作业了。

大桥 4 号~25 号墩上部结构是钢桁梁结构，在钢桁梁上铺设桥面板，工厂制造的钢梁杆件和预制的混凝土桥面板均需水运至施工现场。由于运输船无法直接进入浅水区墩位，只能在深水区墩位设置临时码头和大型起吊设备，在码头卸船后将构件运输至浅水区待安装位置。

最初的施工组织方案是在 4 号墩的位置设置一台 80t 的全旋转桅杆吊。经调研发现，购置一台 80t 的全旋转桅杆吊所需费用在 400 万元以上，即便采用租赁的办法，因为使用的周期长，租赁费同样是一笔不小的开支。

方案细化过程中，大桥建设者们从龙门吊上找到灵感：能不能用钻孔桩施工阶段使用过的龙门吊从运输船上取件，将构件吊放至运输车辆上？经过反复推演、模拟以及细化设计，一种钻孔桩基础施工平台与码头相结合的龙门吊装卸方案应运而生：将龙门吊轨道向前延伸（插打管桩基础、设置承重梁、安

龙门吊港池

装轨道），在延伸区域内搭设运输车停放平台，由此保证运输船能够停泊在龙门吊吊装范围内且起吊构件能够放置于运输车辆上。

按此法在4号墩上游和25号墩下游设置的两处港池完成了4号~25号墩区间大量构件的吊装，加快了施工速度。锱铢必较的“较真儿”态度和不走寻常路的创新精神相结合，既有效地整合了现场资源，又很好地解决了后续施工期间大型材料与设备吊装上岸的难题，小投入解决了大问题。

12 通堵神器，解决钻孔桩混凝土堵管难题

混凝土堵管现象是钻孔灌注桩水下混凝土浇筑施工中的常见问题。大桥建设者在施工中不断摸索总结，发明了一种工艺简单、施工风险小、工效高的处理混凝土堵管问题的施工装置。

随着桥梁建设不断向着更大跨度的方向发展，钻孔桩也向着大直径、超长桩方向发展。但是，钻孔灌注桩所采用的水下混凝土浇筑工艺在实际施工中存在诸多不确定性，质量较难控制，其中，混凝土堵管就是常见问题。

混凝土堵管现象主要分为两种，一种叫气堵，一种叫物堵。当混凝土满管下落，导管内混凝土（或泥浆）面至导管口的空气被压缩时，若导管内压力与导管外泥浆、混凝土压力处于平衡状态，不足以将导管内空气排出，就会出现气堵现象。而如果混凝土工作性能不好，混凝土垂直下落时在导管内形成拱塞、造成堵管，即称为物堵。

解决堵管问题首先以预防为主。为了防止发生堵管，在混凝土浇筑施工时，必须控制好流量，同时确保混凝土原材料的配合比达标。一旦发生堵管现象，务必早处理；若处理时间过长或处理不当，就会有断桩的风险。通常发生堵管后，在保证导管埋深的前提下可采用反复拔管的方法进行混凝土震动疏通。但此类方法对施工拔管控制要求较高，若操作不当，将导管拔出混凝土面，会造成断桩的后果，施工风险很大。

建设沪苏通长江公铁大桥的工程技术人员在长期的施工中不断摸索总结，发明了一种施工风险小、工效高的处理混凝

土堵管问题的施工装置。该装置是在一节带丝扣的短导管上焊接一组振动器制作而成。在堵管现象发生时安装带有振动器的导管，随即启动振动器，通过堵管振动器的激震力将导管内的混凝土震落，即可实现混凝土的正常浇筑。

该装置具有工艺简单、施工风险小的特点，使用效果良好。鉴于它强大的通堵能力，工程人员形象地称之为“通堵神器”。

具有震动功能的防堵管装置

13 步步惊心——钢围堰的下沉之路

专用航道桥主墩承台采用双壁钢套箱围堰进行施工，采用基坑取土的方式辅助围堰下沉。下沉过程遵循对称均匀取土的原则，通过监测围堰下沉姿态，采取非对称取土等方法及时进行纠偏。

沪苏通长江公铁大桥的天生港专用航道桥主墩承台采用深埋式承台设计，为减小桥梁结构物对航道水流的影响，承台顶面埋入泥面以下。

该承台采用双壁钢套箱围堰进行施工。钢围堰既是承台施工期间基坑的支护，同时也用作承台混凝土浇筑的模板。考虑到钢围堰沉放施工误差调整及预留需要，其内轮廓每侧均比承台设计尺寸大 5cm。钢围堰壁厚 1.5m，内轮廓尺寸为 55.1m×25.1m，四个角部设置半径为 2.35m 的圆角。

钢围堰主要由壁体、刃脚、钢支撑、吊耳、导向装置及连通器等组成，在专业钢结构加工厂内加工成整体，在现场由大型浮吊进行吊装。其中 3 号墩围堰竖向共分为两节，第一节高 14.8m，第二节高 6.4m，共 1101t；4 号墩围堰竖向共分为三节，第一节高 12.6m，第二节高 7.5m，第三节高 9.2m，共 1803t。

由于围堰仅靠自重不能下沉到位，需采用基坑取土的方式辅助围堰下沉。基坑开挖采用气举反循环吸泥法取土至封底混凝土底面附近。单个围堰下沉配置 4 台空气吸泥机进行吸泥，对称平均分配吸泥区域。

为保证钢围堰均匀着床、姿态准确，在钢围堰沉放前，利用吸泥机对河床泥面找平后，由潜水员下水探摸并清除钢围堰刃脚范围内河床泥面的障碍物，确保钢围堰能够顺利下沉。

钢围堰吊装

取土遵循对称均匀取土的原则，结合工程特点，使围堰底先形成四周低中间高的“倒锅底”。待围堰入土深度不小于 2m 后，改为先中间后四周的顺序进行吸泥，最终形成“锅底”，将“锅底”深度控制在 1~2m，使围堰均匀下沉。取土过程中，测量人员严密监视泥面高程变化情况，每隔 1~2 小时测量一次泥面变化情况，并按隔舱编号沿围堰四周绘制出泥面变化曲线。围堰每下沉 20~50cm，观测一次围堰偏位情况。下沉至距设计高程约 2m 时，放慢下沉速度，并控制取土位置的取土量，以使围堰平稳下沉，精确就位。

下沉过程中，通过监测围堰下沉姿态，采取非对称取土等方法及时进行纠偏。同时需考虑到取土的延滞效应，避免一侧取土过快过深造成壁体与护筒之间发生“卡壳”现象。

如此“战战兢兢”的钢围堰下沉过程，配合夹壁注水与浇筑混凝土，终于使钢围堰平稳进入河床，实现了钢围堰与河床的完美融合。

14 巧妙借力，给钢板桩围堰支撑加把劲儿

为了既要发挥钢板桩围堰干封底在施工组织上的明显优势，又要保障钢板桩围堰结构安全，大桥建设者们设计出借助钢护筒受力的钢板桩围堰临时支撑结构，轻松实现目标。

在浅水桥梁基础施工中，常采用钢板桩围堰作为承台施工挡水结构。为了保持整个钢板桩围堰结构稳定，需要在围堰内部设置型钢或钢管支撑围堰四壁，然后再浇筑封底混凝土作为底部防水结构兼底层围堰支撑。

围堰封底分为水下封底和干封底两种。水下封底就是在不抽水条件下进行基底清理，然后进行水下封底混凝土灌注，待封底混凝土达到设计强度后再抽水。该方法的缺点是，需要搭设大规模的水下封底施工平台，耗用工期较长，施工组织难度大，施工成本高。干封底则需要将钢围堰中的水抽干至泥面，而后进行清泥处理，最后进行封底混凝土浇筑。这种方法的缺点是在基坑抽水或清理过程中，封底混凝土尚未浇筑，围堰底部没有有效的支撑结构，钢板桩可能发生变形导致漏水或嵌固点不稳定导致基坑失稳。

通过对比可以发现，干封底在施工组织上有着明显的优势，而在封底混凝土发挥支撑作用前，如何保障钢板桩围堰结构安全是干封底需要攻克的技术难点。在围堰底部增设一层内支撑，这样的确可以解决施工过程中的问题，但是工作量相对较大。

既要解决问题，还不要太费事，有没有其他更好的办法呢？

有了！钻孔桩施工时的钢护筒不是还牢牢地扎根在江底么，跟它借力不就行了。沪苏通长江公铁大桥的建设者在综合考虑围堰结构和施工工序特点后设计出了“一种借助钢护筒受力的钢板桩围堰临时支撑结构”。在基坑内抽水完成后，基坑底的泥面尚未开挖前，在围堰的泥面以上50cm左右设置一层水平围檩，而后在围檩和现有的钢护筒之间设置内支撑（代替常规两侧围檩对撑结构），将钢板桩的受力传递到钢护筒上，然后再进行清泥处理和封底混凝土浇筑。待封底混凝土强度达到要求后，拆除临时支撑，这样既减少了内支撑的工程量，又保证了结构安全，安全快速地实现了基坑施工工况的过渡。

支撑于钢护筒上的临时支撑

跨横港沙桥

15 浅滩筑岛，水上作业变陆上施工

积极推动横港沙圈围工程与大桥交叉区段提前实施，从而实现了在圈围工程上进行桥梁建设，变大桥浅水区施工为陆地施工，有效节约社会资源，极大提升了桥梁施工工效。

沪苏通长江公铁大桥跨江江域宽度达5800m，在江心部位有因长期冲淤而形成的横港沙浅水区。大桥跨浅水区桥长约2300m，该区域低潮时水深仅1m左右，无法容纳大型船舶入内正常作业，水上施工组织难度非常大。对于这类情况，常规应对方法为搭设钢结构施工平台，此法施工工效低。

在横港沙水区平台方案研究细化时，建设者们了解到“长江口深水航道治理工程——通州区横港沙圈围工程”正在规划，该工程是为保证长江南京以下12.5m深水航道建设而进行的浅水区守护；其二期工程与沪苏通长江公铁大桥9号~22号墩在空间上存在交叉，但具体实施在大桥开工之初尚未提上日程。

这时一个宏伟的建设蓝图浮现在大桥建设者们的眼前：若是与大桥交叉区段的横港沙圈围二期工程能提前实施，在圈围工程上进行桥梁建设，将有效节约社会资源且极大提升桥梁施工工效。

通州区横港沙圈围工程属国家重点工程，立项、审批程序复杂，而沪苏通长江公铁大桥浅水区21跨简支钢桁梁桥施工工期紧张，如何在保证按计划通车的前提下实现两个项目的协同实施？

必须与时间赛跑！大桥的建设者们打开多方信息渠道，深入水利、航道部门，对横港沙圈围工程的规划和推进计划进行更深入的了解。与此同时，对基于圈围工程的桥梁设计和施工进行方案优化，只待圈围工程的实施。时间来到2014年末，已经推动了半年的圈围工程先期实施计划像一个美梦，看似很美好，却依然很遥远。这时一些质疑声开始出现：在大桥建设阶段圈围工程能确定实施吗？我们不会在白忙活，最后还要更大量地投入搭设钢平台吧？

项目决策组顶受巨大压力，以百折不挠的毅力缓缓推开了那扇门。横港沙圈围工程与大桥交叉区段提前实施的提议受到大桥建设指挥部和当地政府的高度重视。政府有关部门邀请设计、科研单位进行了专题研究。2015 年 3 月 2 日，南通市政府在大桥建设工地召开协调会，明确要求按照永久工程模式，提前实施横港沙综合整治二期工程穿桥围堤南北侧各 400m 导堤建设。

中交二航局的建设者们结合横港沙圈围规划及桥位工程特点，将原水上平台施工方案调整为“先期在 9 号～22 号墩桥轴线上下游吹填 67.2m 宽临时施工平台”的“陆地”施工方案，并组织中铁大桥院、中科院武汉岩土研究所、南京水科院等单位对该方案进行了研究分析，为水上筑岛建设提供技术支持。通过江苏省有关部门评估，方案获得长江水利委员会的正式批复。

由此，困扰建设者的水上浅滩区施工工期紧、工效低的难题得到解决。大桥 9 号～22 号墩建设化水上平台为陆地施工，桩基及承台施工难度大大简化，既保证了施工安全和质量，又大大提高了工效。

吹填筑陆

16 “钢混巨龙”的“铁饭碗”——水上拌和站诞生记

吹填筑岛，建设江心拌和站，配合江岸连接线、临时码头两手抓，“一劳永逸”地解决了水上基础及墩柱施工的混凝土供应保障难题。

俗话说“兵马未动，粮草先行”，但是如何保证离江岸千米之远的江面上的“粮草”供应，使有着约 600000m^3 混凝土食量的“钢混巨龙”能够每日“吃饱”？这是沪苏通长江公铁大桥的建设者们在“兵马”未到之前就需要解决的难题。

沪苏通长江公铁大桥要横跨 5800m 宽的江域，其中 4 号~25 号墩被南侧主航道和北侧天生港专用航道隔绝成一片“孤域”，而对应的 22 个水上基础及墩柱要“吞食”约 600000m^3 混凝土，混凝土供应难度极大。

如果按照传统的大桥建设施工方法，使用搅拌船进行水上混凝土供应，受施工区自然条件影响，不仅工效低，而且稳定性和安全性都较差，混凝土的供应难题将伴随项目建设始终。

如何“一劳永逸”地解决“钢混巨龙”长期稳定、足日足量的“粮草”供应？中交二航局的建设者们提出一个大胆设想：在浅水区吹填筑岛，在江中筑起一座“陆上”搅拌站，给“钢混巨龙”打造一只满足条件的“铁饭碗”。

但是，如果运用常规的吹填筑岛方式，需要进行长时间的排水固结，待地基稳定后方可在上面建设搅拌站。而根据项目建设工期要求，搅拌站急需建成投入使用；时间不等人，必须快速解决“钢混巨龙”的“粮草”供应难题。中交二航局的建设者们活用丰富的水工施工经验，提出了利用塑料排水板辅助排水、实现快速固结的思路。经过约三个月的奋战，吹填筑岛

水上搅拌站布置

陆域面积达 18000m^2，布置 3 台 180m/h 产能的固定式混凝土拌和站及配套设施的“铁饭碗”成功建成。

因大桥桥位处于感潮河段，长江水位涨落潮高差能达到 3m，如果不采取防护措施，江中的这只“铁饭碗”很可能被涨落的江水“洗劫一空”。为使“铁饭碗”更加稳固，中交二航局的建设者们采用护岸施工技术给这只“铁饭碗”镶了一圈加固的“金边”，使其牢牢地伫立江中。

“钢混巨龙”的“铁饭碗”虽已打造好了，建设者们却来不及欢喜雀跃，还要解决“粮草”供给的问题。如何保证原材料成功进入“铁饭碗”进行搅拌加工呢？

水上搅拌站平台设置在大桥 8 号墩下游，距离大桥轴线 150m。建设者在平台上游侧设置了 9m 宽的江岸连接线，通过双线栈桥连通江岸与水中区墩柱，打通了砂石料及混凝土的“陆上”运输通道。为提高工作工作效率，简化运输环节，二航建设者还在 4 号墩设置临时码头，由大型船舶在临时码头进行砂石料、粉煤灰等原材料的卸船、倒运。由此，确保了“铁饭碗”能够时时装满“粮草”，输送至“钢混巨龙”的口中。

长江上的“钢混巨龙”就这样在“铁饭碗”的喂养下，在中交二航局建设者的时刻关注下日渐长大，最终横卧长江、飞架南北。

17 轻型井点降水，实现水上筑岛区承台干施工

大胆尝试新工艺，排除基底涌砂、渗流影响，让“在江中央的吹填平台区放坡开挖干施工承台”的设想成为现实，提高了承台施工工效，降低了施工成本。

沪苏通长江公铁大桥9号～22号墩位于横港沙浅水区，低潮时水深仅1~1.5m。中交二航局项目部将施工建设实际与桥区深水航道保护和水系治理需要相结合，在9号～22号墩区域的上下游共67.2m宽范围内，采用粉细砂先期吹填形成平台，在平台上进行桥梁施工。

沪苏通长江公铁大桥9号～22号墩承台尺寸为38.2m×21.1m×5m，承台基坑开挖深度约6.3m。如此大体积的承台，施工周期长，工期紧，一次性投入费用高，且由于基底为粉细砂，受长江水位影响，易发生基底涌砂、渗流现象，给后续施工造成影响。

通常情况下，对于此种情况的基坑施工，可采用钢板桩围堰支护法或放坡开挖法。钢板桩围堰结构可靠，具有较好的阻隔效果，但是施工周期长；且由于围堰内需要有大量内支撑，施工作业场所易受限。相比较而言，放坡开挖投资更小，能给后续承台施工创造更便利的条件。项目部技术人员经过两种方案的比对、研究，提出“在江中央的吹填平台区放坡开挖干施工承台”的设想。但是，由于吹填平台区的吹填材料主要为粉细砂，透水性强，而且施工水域位于感潮河段，在江中吹填平台区开挖似乎是“天方夜谭”。

若采用放坡开挖方案，该如何排除基坑渗水，如何保证

边坡稳定？只有攻关克艰，将提出的设想大胆付诸实践一条路。项目技术人员进行计算分析并在吹填区进行平面尺寸达 $1000m^2$ 的足尺寸基坑降水开挖试验：基坑在高度上分两级开挖，在中间设置一层0.5m宽的过渡平台；在分级开挖过程中分三级布置井点降水管，分别布置在基坑顶部、中间过渡平台和基坑底部，通过真空泵持续不间断地抽水降低基坑区域地下水位，给承台施工创造条件。试验表明，在1∶0.75的开挖坡比下基坑边坡状态稳定。为防止雨水天气下发生基坑滑坡，项目部还在已开挖的基坑边坡上及时铺设钢丝网并喷射混凝土进行防护。

采用“轻型井点降水与放坡开挖结合工艺”在吹填筑岛区进行承台施工是一次大胆的尝试。在这块 $1000m^2$ 的“试验田”中，技术人员将设想变成了现实。吹填平台区14个大体积承台开挖全部采用新方案实施成功，取得了非常好的效果。相比钢板桩围堰方案，新方案不仅大幅提高了承台施工工效，降低了施工成本，而且不需要打拔钢板桩，减小了振动对道路面层等结构的破坏，实现了现场文明施工。

井点降水实现筑岛区承台干施工

18 基坑垫层两步走，拧紧墩柱“螺丝帽”

实践分两次浇筑承台下部垫层的新工艺，成功控制住垫层顶面平整度，提升了承台施工质量，确保了大桥墩柱的牢固。

桥梁桩基础深深埋于地下，被土层保护；向天空延伸的墩柱，又是什么力量在保证它屹立不倒呢？答案就在承台。承台是桥梁桩基础与墩柱之间传力的重要结构，像一个螺丝帽将桩基础与墩柱紧紧连接在一起，把墩身荷载传到基桩上，起着承上传下的作用。

我国拥有非常成熟的桥梁承台施工工艺；通常情况下是在桥梁桩基础施工完成后，进行桩头处理，然后一次性浇筑垫层，在垫层上绑扎承台钢筋、支设模板，进行承台施工。

沪苏通长江公铁大桥承台尺寸大，若要一次性大面积浇筑20~25cm厚的垫层，垫层顶高程很难精准控制，平整度偏差可能达到2~5cm。而承台模板多为精加工的钢模板，平整度偏差一般控制在1~2mm以内。这就带来了一个问题：承台模板

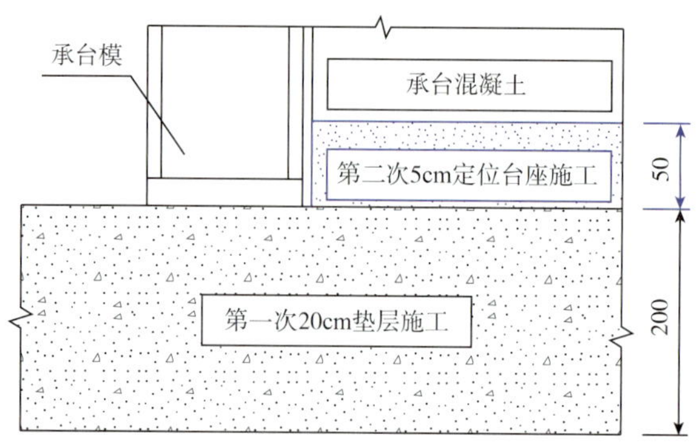

承台垫层分两次浇筑原理图（尺寸单位：mm）

承台垫层分两次浇筑后的效果

支设时，因承台模板直接竖立在垫层顶面，且与已浇筑垫层的平整度偏差不在一个数量级上，承台模板底面与垫层之间存在“忽大忽小”的间隙。因为间隙较大，一旦封堵不到位，承台混凝土浇筑时就会出现缝隙处漏浆现象，影响承台外观和质量。

传统纯熟的工艺不适用，因此需要制定新方案，研究新工艺。中交二航局的建设者们提出一种分两次浇筑承台下部垫层的新工艺。以垫层总厚度25cm为目标控制高度，第一次垫层浇筑的厚度为20cm，按照常规工艺进行控制，允许其顶面存在2～5cm的平整度偏差，仅作基本整平处理。第二次垫层浇筑形成一个约5cm厚的“承台基准段”；按照承台的轮廓，采用角钢等材料准确放线、支设模板；严格控制垫层顶高程，将其平整度偏差控制在5mm以内。在进行承台模板支设时，以第二层垫层边线的台阶为基准，既能方便模板支设，又避免了模板底部漏浆问题的发生。同时，第二层垫层顶面平整度控制良好，使操作人员有了更稳固的施工平台，也相应提高了承台钢筋的绑扎精度。

新工艺在沪苏通长江公铁大桥承台施工中得到实践和应用，并取得良好的施工效果。这颗“螺丝帽”紧紧衔接在大桥桩基础与墩柱之间，确保了大桥墩柱的牢固。

19 模板与平台一体化设计，高墩施工安全又高效

超宽、超高墩身建设面临安全、质量及施工组织方面的重大挑战。技术人员研发出与施工作业面相匹配又可以移动的作业平台，降低了高墩施工的安全风险，提升了工作效率。

沪苏通长江公铁大桥桥址靠近长江入海口，为长江航运最繁忙区段。为保证大型船舶顺利通行，主航道桥设计通航净高达 62m，天生港专用航道桥通航净高也有 45m，大桥的主梁结构要通过高墩承托而起。由此将形成高墩林立，犹如天兵天将在江中列队的壮观景象。为与大荷载的 4 线铁路和 6 线高速公路设计相匹配，大桥合建段和正桥墩身宽度也有 30m 以上。纵向范围近 6km 的江中超宽、超高墩身建设，必将带来项目安全、质量及施工组织方面的重大挑战。

高墩建设一般采取分节段绑扎钢筋、浇筑混凝土的方式完成。在分节段施工过程中，为实现施工人员在作业平台完成钢筋绑扎、模板安装和混凝土浇筑，需要在墩身一周自下而上搭设施工脚手架平台，再依托脚手架平台安装人员上下踏步板，打造施工人员操作平台和垂直上下通道。可不要小看了这个平台，它直接决定了人员作业安全和现场施工工效。

大桥靠近长江入海口，该区域台风频发。脚手架平台能否经得住台风的考验是一个巨大的问题。而且墩身截面尺寸大，若采用脚手架平台，需投入大量材料且安拆工作量大。面对如此多的巨型墩柱，对操作平台进行优化有着重要意义，但又该如何实现平台的优化呢？

中交二航局技术人员大胆设想：既然墩身是分节段施工，

那么是否能研发出一种与施工作业面相匹配又可以移动的作业平台呢？技术人员与模板制作厂家反复研究，结合墩身特点和施工工艺需求，提出了墩身模板与施工平台一体化的设计方案。墩身模板共分三层，每层高度2.5m。实施过程中一层模板安装在已浇筑完成的混凝土上作为基准模，在施工节段的钢筋施工完成后进行另外两层模板的安装。在每一层模板顶口一周设置操作平台，保证钢筋安装、模板安装和模板拆除均有作业防护。操作平台在钢结构厂内和模板同步加工，运至施工现场后直接安装，不仅实用，而且应用便捷。沪苏通长江公铁大桥创新模板与平台一体化设计，降低了高墩施工的安全风险，提升了工作效率。

中国中铁大桥局

索塔

主塔

20 双拳出击，解锁混凝土高空泵送 + 抗裂新招式

大桥的建设者们通过调整黏改材料、水化热调控材料和膨胀剂等的配合比，研制出新型混凝土，配合智能喷淋养护等系统性的措施，一举解决了混凝土泵送难、不抗裂等难题。

斜拉桥具有三大主要构件，一是桥塔，二是梁体，三是斜拉索。从力学的角度看，三大构件分别承受着不同方向的力，其中桥塔是斜拉桥的主要受力构件。桥面、汽车、火车的巨大重量通过斜拉索传递到桥塔，再通过桥塔传递至基础。桥塔就像一把雨伞的“伞骨”，支撑起桥梁的全部重量。

沪苏通长江公铁大桥主墩索塔采用C60自密实混凝土，配筋较密，属较易开裂（设计标号达到C60的混凝土自收缩大、弹性模量与水化热高，自身开裂驱动力大）的高强度、大体积混凝土结构。而且主塔高耸入云的设计也给混凝土施工带来了不少难题。一方面，对于混凝土而言，强度越大，标号越高，意味着黏度越大，就像很稠的粥，流动性差，难以泵送至高空。另一方面，塔柱受已浇筑结构影响，加之自身截面尺寸大，导致所受外部约束大，开裂风险高；工程位于开阔江面高空，存在日照强烈、大风等不利条件，进一步增大开裂风险；而在普通的工程环境下相对容易的混凝土洒水养护、保温、保湿等混凝土抗裂措施却难以在高空中实现。为了解决这些问题，施工单位中铁大桥局的建设者们在以往研究和工程经验的基础上开发了混凝土抗裂新招式，即通过调整配合比，研究出一种新型混凝土，配合智能喷淋养护等系统性的措施，一举解决了混凝土泵送难、不抗裂等难题。

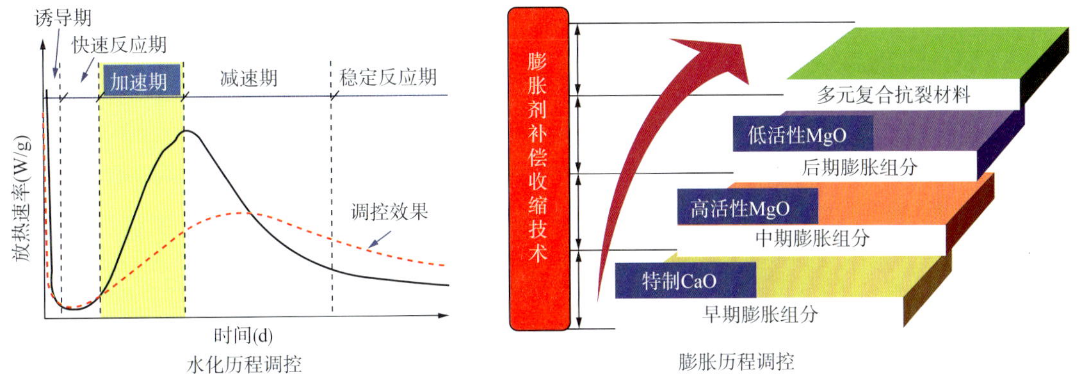

水化历程与膨胀历程双重调控

针对混凝土水平 250m、竖向 330m 输送的问题，工程师们应用双掺技术，在保证混凝土强度和耐久性的前提下，完成了 C60 自密实混凝土的配合比设计，使混凝土各项工作性能均满足设计要求。而后以此配合比为基准，试配降黏混凝土配合比，并在大桥 28 号墩承台上进行模型试验。经过测试对比，证明了掺加黏改材料可使混凝土黏度降低约 45%，绝热温升降低 6～7℃，且不影响其力学及耐久性能。采用掺加黏改材料的降黏混凝土的情况下，桥塔最高节段施工中，混凝土泵在 40% 排量时，泵压约 22MPa，混凝土高空输送一泵到顶的目标顺利实现。

针对中塔柱下部区域受力复杂，混凝土有较大开裂风险的问题，工程师们首先明确了结构混凝土温度场与膨胀历程双重调控原理：温度场调控的目的是干预水泥水化进程，即通过向混凝土中添加可调控水泥水化放热速率的化学外加剂和协同掺合料来降低水泥水化加速期的热速率，为结构散热赢得宝贵的时间，从而削弱温峰和温降过程，从而降低混凝土开裂风险；膨胀历程调控则是根据实体结构变形历程特点，利用不同膨胀特性的膨胀组分（氧化钙、氧化镁）实现混凝土硬化过程中分阶段、全过程的收缩补偿。而水化热调控材料和氧化钙、氧化镁类膨胀剂的复合，可以降低结构的升温速度，解决膨胀剂膨胀历程与混凝土温度历程不匹配的问题，避免膨胀剂膨胀速率过快，为建立有效膨胀和膨胀压应力的储存赢得时间，增强其补偿收缩效果。

于是，工程师们在已采取的大掺量矿物掺合料的基础上，结合大量既有工程经验及前期理论与试验研究成果，掺加占胶凝材料总量8%的混凝土抗裂剂；而后仍在双掺技术基础上，进行模型比对试验。比对结果表明：抗裂模型混凝土在温升阶段的膨胀应变较基准模型增大了2倍以上，在温降阶段的收缩应变较基准模型减小超过25%，推迟温度峰值出现时间约35%——抗裂混凝土可延迟混凝土温度峰值时间且可分阶段全过程补偿收缩，避免由于温度收缩而开裂。

主塔自动喷淋养护

为增强抗裂效果，工程师们还制定了温度控制标准，重点内容包括混凝土入模温度、混凝土原材料降温标准以及混凝土浇筑时的内表温差；在下塔柱、横梁及中塔柱施工过程中，均采取了布设冷却水管、增设防裂钢板网、控制混凝土入模温度、智能喷淋养护、夏季温控等措施，对冷却水管工艺，包括水管管径、水平与竖向间距，单根水管长度，冷却水流量，冷却水与混凝土内部的温差等进行明确规定，最大程度降低混凝土开裂风险。其中智能喷淋养护系统是工程师们的得意之笔。该系统利用时间继电器控制养护水的喷淋时长及时间间隔，从而做好夏季高塔混凝土养护工作。具体的措施为：利用低扬程水泵将长江水补给至两座塔座沉淀水箱，通过连通管连接两个沉淀水箱，并设置液位控制器，实现自动补水；使用潜水泵将净化后的水泵送至下横梁蓄水池内；在蓄水池出口连接扬程170m的高压潜水泵，将养护水泵送至主塔养护节段顶面，再通过分流器连接内外模、上下端共8路喷淋管道，通过三通接头连接各路管道与专业的高压雾化喷头；所有喷淋养护管采用橡胶软管连接，不影响模板脱模。养护期间预先关注气温骤降情况，根据温度历程监测结果，及时采取必要的保温措施，防止出现冷击裂缝。

通过上述系统性的措施，工程师们成功地让沪苏通长江公铁大桥的主塔混凝土表现出不俗的抗裂效果，330m高的主塔外观整洁，棱角分明，色泽均匀，宛如擎天之柱，展现着现代桥塔的雄壮之美。

在此过程中，工程师们成功制定出了以抗裂混凝土制备与应用为核心，涵盖从原材料选择、配合比设计到配合工艺措施等内容的塔柱大体积混凝土裂缝控制成套技术方案，为全行业找到了一条解决高标号、大体积、超高主塔混凝土抗裂难题的新路。

21 三索面超重钢锚梁的整体制造技术

三主桁结构带来了主塔内空间不足，钢锚梁安装、检修存在安全风险的挑战。施工单位创造性地采用三根钢锚梁集成的方案圆满解决。

斜拉桥，生活中并不罕见。但人们却很少想到过这样一个问题：斜拉索上端锚固在斜拉桥主塔塔柱上，会对主塔混凝土施加巨大的拉力，然而混凝土结构的抗拉能力并不强，难以承受巨大的拉力——这一矛盾是如何解决的呢？

通常，斜拉桥主塔塔壁采用预应力混凝土，以增强塔柱的抗拉能力，或者设置钢锚箱（梁）承担斜拉索拉力，即可解决这一问题；沪苏通长江公铁大桥采用的便是设置钢锚梁的方式。然而沪苏通长江公铁大桥的主梁为三主桁结构，对应地设置了三索面，但若要相应地设置三根钢锚梁，将造成塔内空间不足，需增大主塔断面面积，另外还会导致钢锚梁安装、检修存在安全风险。

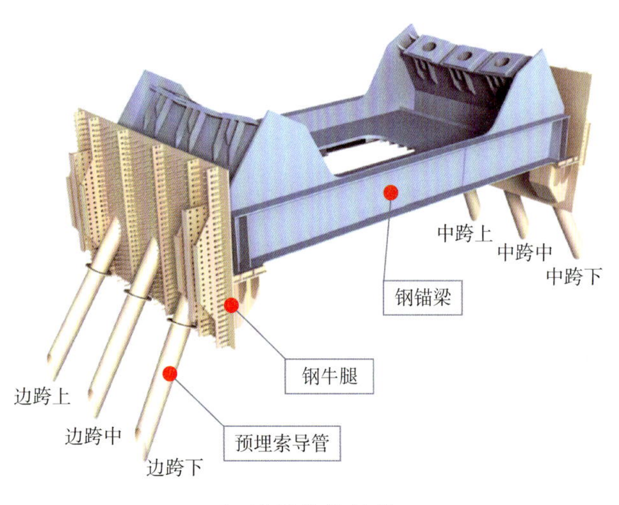

钢锚梁整体结构

为了解决这一难题，施工单位中铁大桥局创造性地采用了三根钢锚梁集成的方案，使每对斜拉索面内的平衡水平分力由锚梁承受，不平衡水平分力通过锚梁腹板与牛腿连接板间高栓传至塔壁，由主塔承受，从而使主塔塔壁受力合理。

沪苏通长江公铁大桥主塔的上塔柱120m范围为索塔锚固区段。1号～3号斜拉索直接锚固于中、上塔柱连接段的隔板上。4号～36号斜拉索采用三桁集成式重型钢锚梁实现锚固。

钢锚梁与钢牛腿集成后，单体最大重量达到83.5t、外形尺寸为12212mm×5392mm×4331mm。巨大的体重和宽大的外形尺寸给钢锚梁整体制造带来了很大的挑战。首先，锚梁与牛腿主要受力构件采用40～60mm厚板熔透焊接，隔板平台采用8mm薄板及加劲板结构；大量的厚板熔透焊及薄加劲板焊接，导致焊接收缩变形控制难度非常大。另外，锚梁与牛腿间为高栓连接，高栓孔位精度、匹配性控制难度较大。在综合分析了钢锚梁及牛腿的结构特点，明确了质量控制的重点后，中铁大桥局决定采取模块化制造、模块组拼成小构件、小构件组拼成单元的思路，将质量控制精度具体、细化到每个小构件中。

锚梁划分成底板单元、腹板单元、锚箱单元、平台板单元四个单元块制造，牛腿划分成塔壁板单元、T形锚固板单元、支承板单元三个单元块制造。单元块结构尺寸和焊接质量验收合格后按牛腿、锚梁、索导管的顺序进行起吊拼装。锚梁与牛腿拼装相对位置调整完成后，焊接牛腿支承面连接腹板，匹配进行牛腿支承顶板高栓孔钻孔。

单层钢锚梁拼装完成后，模拟现场实际安装状态进行总拼。每个总拼轮次拼装3层钢锚梁，前一轮次的最后一个节段作为下一轮次总拼时的第一个节段。总拼验收合格后，在两层钢锚梁间焊接临时定位装置，以便现场安装时快速还原总拼状态。

三索面超重钢锚梁整体制造技术的应用，有效解决了沪苏通长江公铁大桥斜拉索与主塔的受力平衡问题，为斜拉索的安装奠定了坚实基础。

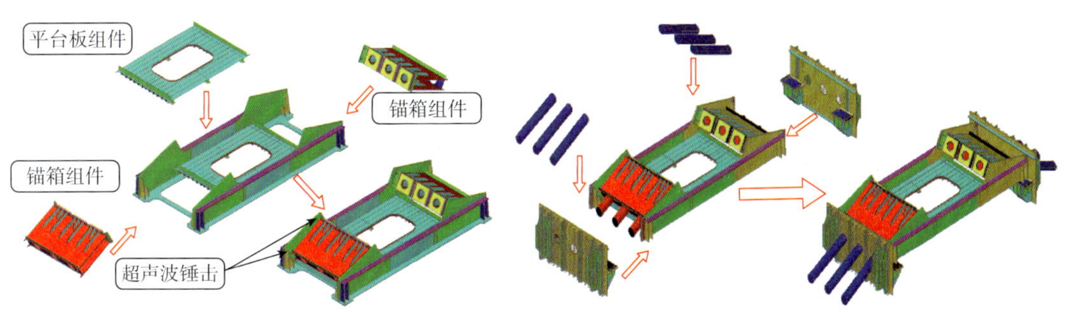

钢锚梁整体结构厂内拼装示意图

22 稳、准、快，超重钢锚梁安装三部曲

每层钢锚梁的吊装定位须控制在 2 小时以内，如何保证高精度?

沪苏通长江公铁大桥的设计文件，要求钢锚梁定位误差不得大于 5mm，施工工艺要求每层钢锚梁都必须在夜间温度恒定的时间段内完成吊装、测量复核、调整及锁定，这就要求吊装定位的时间要控制在 2 小时以内。如何将这些重量超 80t 的庞然巨物起吊至超过 330m 高的主塔上，并在规定的时间内完成高精度定位呢?

首先要解决起吊能力问题。在承台上设置钢锚梁存放滑道，在滑道顶面布置钢锚梁存放平车，采用 150t 浮吊起吊钢锚梁至存放平车上，利用两台 5t 卷扬机牵引存放平车移位至塔吊作业范围内，利用 2700t · m 主塔附壁式塔吊将钢锚梁吊装到位。

其次，优化测量方法，快速实现基准点传递，实现在主塔

重型钢锚梁水运就位

重型钢锚梁整体起吊

吊装对位

姿态相对恒定的时间段内完成测量定位。通过天顶测距将承台顶沉降观测点高程传递至待安装节段，并定期利用全站仪对向观测法进行复核，大大缩短基准点传递时间，确保在一个测量时段内完成钢锚梁定位。根据已知高差，将斜距归算至施工控制网投影高程面处，通过测边交会计算基准点坐标，并利用天顶投点法进行复核。

最后，优化对接工装措施，快速实现粗定位还原厂内总拼状态，精调后快速精确锁定。在工厂内的钢锚梁立体总拼验收合格后，两层钢锚梁间的相对位置关系已经固定，此时在两层钢锚梁接缝上下分别焊接临时定位牛腿，使用定位销将上下牛腿锁定。现场作业中，在塔吊吊装对位的同时，利用吊具牵引调整，使两层钢锚梁的定位牛腿销轴孔对应，随即穿入定位销（螺栓），实现快速定位，完成钢锚梁的快速安装。

23 三管齐下，缔造主塔快速施工“中国速度”

施工组织、施工方案、施工管理三方面大力挖潜，成功刷新公铁两用桥主塔施工速度纪录。

沪苏通长江公铁大桥的主塔采用钢筋混凝土结构，塔身采用C60混凝土，塔座采用C50混凝土；公路桥面以上部分为倒Y形，桥面以下塔柱内收为钻石形；上塔柱采用八边形截面，中塔柱由上塔柱八边形渐变至六边形截面；下塔柱为单箱双室的六边形截面。塔顶高程为+333.0m，塔底（承台顶）高程为+8.0m，承台以上塔高325m；加上塔顶升降梯房，总高330m。单塔混凝土用量超70000m^3，比苏通长江公路大桥单塔混凝土用量多了一倍。苏通长江公路大桥倒Y形主塔塔高也超过300m，施工速度创造了0.56m/d的纪录，就公路桥施工而言已属不易。而公铁两用大桥的主塔因受力大大超过公路桥主塔，结构设计更为复杂，施工速度通常不会超过0.5m/d。对于沪苏通长江公铁大桥来说，塔外形折线多（钻石形下塔柱+倒Y形中上塔柱）、钢锚梁与钢牛腿整体吊装等复杂的设计，以及钢筋用量大且密集、混凝土级别高、预应力吨位大等情况，都使得施工难度更大。但沪苏通长江公铁大桥的主塔施工工程师们决心打破这一纪录，与工效有关的细节都成了工程师们的关注对象。

一、施工组织方面

首先，工程师们选择了优质的doka Xface plywood 21mm面板。该模板可使用55次以上，因此主塔54个节段的施工过程中无须更换模板。其次，由于所采用的爬架挂靴系统仅需预埋单个锚固件，爬架悬挂点的安装时间可缩短一半。再次，按照下、中、上塔柱三阶段需求，针对性布置了“4+2+2”三阶段塔吊配置方案，保证塔吊工作速度不会对主塔进度造成影响。最后，经过计算和优化混凝土配比，确定由一台 HTB9035CH-5M 高压泵实施一泵到顶的混凝土输送方案，节省了混凝土浇筑时间，同时保证质量。

二、施工方案方面

经过计算研究，承台浇筑方案由三次施工优化为两次，塔座由两次优化为一次，可节约时间不少于 1 个月。下横梁的支架提前 20 天与下塔柱同步施工，可确保体积达 12000m^3 的下横梁的施工如期完成。钢锚梁与钢牛腿由 2700t · m 塔吊一次性安装，大大加快了上塔柱的施工速度。打破常规的“塔梁同步”技术方案，以主塔施工的工序为龙头，科学穿插索、梁工序，让塔高的攀升有条不紊，更是加快主塔施工进度的利器。

三、施工管理方面

通过对已完工桥梁的施工工效统计研究，工程师们发现：H 形主塔因结构形式相对简单，施工工效最高，但其无效施工时间比重约为 10%；倒 Y 形主塔中、下塔柱间无折线，但存在中塔柱合拢段，施工工效次之，无效施工时间比重约为 4%；钻石形主塔结构形式最为复杂，结构折线最多，且铁路桥梁部分结构尺寸最大，施工工效最低，但无效施工时间比重约为 37%。因此工程师们强化施工组织管理，将沪苏通长江公铁大桥主塔施工的无效时间减少至最低。

三管齐下，艰辛的经营终于换来可喜的成果。沪苏通长江公铁大桥主塔的施工速度，从 28 号墩的 0.45m/d，提升到 29 号墩的 0.57m/d；在工程量超出苏通长江公路大桥 1 倍的条件

下，不仅实现了与苏通长江公路大桥同级别的施工纪录，更为公铁两用桥的主塔施工创造了崭新的历史。“超越自我”，在中国大桥工程师们的信念里，永远是排第一位的。

24 1+1 < 2：突破“塔梁同步”施工技术

常规的施工方法完全无法达成工期目标。建设团队打破常规，落实超前策划、精密的施工组织以及超强的执行力，克服巨大的技术难题、施工组织难题和安全风险，成功实施“塔梁同步”施工，提前达成建设目标。

斜拉桥施工一般为塔梁异步施工，即先进行主塔施工，待主塔封顶后再进行钢梁及斜拉索施工。沪苏通长江公铁大桥的建设却打破常规，采取“塔梁同步”施工技术——为什么要这样标新立异呢？

沪苏通长江公铁大桥主航道桥有两座主塔，即28号和29号墩。由于29号墩后于28号墩施工，为了保证大桥建设总工期目标的实现，经过认真研究、精准的计算分析，29号墩主塔开始施工到钢梁合龙需在22个月内完成，也就是说需在19个月内完成主塔封顶（共分54节、浇筑91次），主塔封顶后3个月内完成钢梁合龙。

29号墩塔梁同步施工

要实现这一目标，意味着施工单位中铁大桥局将面临巨大的技术难题、施工组织难题和安全风险。此前该类型桥塔施工最快纪录为0.45m/d（该桥28号墩）。按此速度，29号墩330m高主塔的施工需要733天，也就是24.5个月，而钢梁架设至少需要10个月，因此总工期至少需要34.5个月。采用常规的施工方法完全无法达成工期目标，建设团队只有打破常规，落实超前策划、精密的施工组织以及超强的执行力，才能按期完成任务。

大大压缩主塔施工的时间，并在主塔施工的同时进行钢梁和斜拉索的施工，即塔梁同步施工，是实现目标的可选方案。但是，塔梁同步施工将导致主塔两侧不可避免地出现不平衡荷载，从而引起塔偏。能否精确地测量塔偏、控制塔偏并在存在塔偏的情况下精确定位主塔的模板和钢锚梁将是决定该技术成败的关键。同时，在钢梁和斜拉索施工的上方同步进行着主塔模板爬升、混凝土浇筑等易产生高处坠物、物体打击等的高风险作业，对整体安全管控提出了更高的要求。

29号墩塔梁同步施工

在塔梁同步施工过程中，建设团队反复比选、优化工艺，并通过对塔、索、梁施工各自循环周期的多次研究论证、精准测算，进一步整合了同步施工的关键流程。在中塔柱设置2700t·m附壁塔吊，替换4000t·m的定制落地式塔吊设计，显著节省吊幅，充分利用吊重能力，大大减少了塔吊标准节用量及安装工期，实现了超80t的重型钢锚梁与钢牛腿的整体吊装施工。通过受力检算，优化了冲钉、高栓施工，焊接施工与架梁起重机松钩、走行的制约关系；配合塔内斜拉索同步张拉装置等工艺改进，压缩并合理利用空窗期，形成交叉或流水作业，提高了施工效率。

功夫不负有心人。建设团队齐心协力，顽强拼搏，提前实现了既定目标——沪苏通长江公铁大桥29号墩主塔于2017年12月23日开始施工，2019年6月27日封顶，历时18.4个月；钢梁于2019年1月15日开始悬臂架设（主塔施工至第36节），于主塔封顶2.8个月后的2019年9月20日合龙，历时8.3个月；自29号墩主塔开始施工至主桥合龙仅仅历时21.2个月。

25 多管齐下的超高主塔测量技术

“全站仪天顶测量 + 全站仪短距极坐标测量”解决方案，辅以基于图像的塔偏监测系统，保证了塔梁同步施工下主塔的线形符合设计要求。

沪苏通长江公铁大桥主航道桥为双塔五跨连续钢桁梁斜拉桥，主塔采用钢筋混凝土结构，塔高330m，分54节进行施工；单个桥塔的混凝土方量达到72000m^3。

如此高的主塔，其测量工作面临不小的困难：一是主塔位于长江中，距离江边超过千米，控制点的传递精度控制较难；二是主塔在施工期即承担不平衡水平力，导致存在塔偏，且塔偏一直在变化——具体包括施工工艺导致的主塔上塔柱布置的附壁式塔吊、塔梁同步施工带来的不平衡索力引发的塔偏，以及温度、日照等自然条件下产生的不平衡力引发的塔偏；三是大桥采用整体式钢锚梁结构，钢锚梁需要在主塔存在塔偏的情况下进行精确定位，这意味着定位过程需根据塔偏情况进行修正，并需在温度恒定的时间段内完成。

针对这些难题，施工单位中铁大桥局多次召开主塔测量方案研讨会并进行实测比较，最终采用“全站仪天顶测量 +

全站仪短距极坐标测量”解决方案，并辅以基于图像的塔偏监测系统，保证了塔梁同步施工下主塔的线形符合设计要求。

在中塔柱合龙段实心段内设置两个边长 20cm 的正方形预留孔。在上塔柱施工过程中，每隔 4~5 节通过上塔柱预留孔向上进行高程传递以确保高程准确，并通过天顶投点法复核塔柱顶加密控制点坐标。在控制点传递过程中同时进行塔偏测量、塔偏修正，使主塔回归理论位置。

斜拉索

中国中铁大桥局

钢　梁

主航道桥

30 大节段钢梁加工制造

超大跨度斜拉桥主梁技术攻关的首要问题：如何解决传统钢梁连接方式现场拼接工作量巨大、工期长、风险高的难题?

既有的钢桁斜拉桥主桁施工方法，主要有散拼方式、桁片架设方式、单节间整体架设方式。如采用这些施工方法，现场需进行大量的高强度螺栓连接，以及大量的主桁与桥面板焊缝连接工作。这将导致随着桥梁跨度的增大、主桁构件及桥面板单元数量的剧增，现场拼接工作量巨大。

沪苏通长江公铁大桥所在的沿海区域，恶劣气象条件时有发生，再加上其主跨跨度长达1092m、主梁超长，采用常规的钢梁安装技术一方面不能够满足建设工期的要求，另一方面也大大增加了施工过程的风险性。

应用全新的主梁截面及设计构造来解决传统钢梁连接方式所面临的难题是这一超大跨度斜拉桥主梁技术攻关的首要问题。而大节段钢梁制造、安装正是一种技术含量高、造价节省、施工方便、构造简洁、造型美观的新型全焊接箱桁组合主梁节段建造方法。

该建造方法的具体步骤为：

（1）依据安装的先后顺序，按两节间长作为一个新型箱桁组合节段对主梁进行划分。

（2）进行新型箱桁组合节段制作，包括制作板单元、焊接组合节段单元件两个环节，组成箱桁组合节段的各单元件的板单元包括主桁下弦杆、主桁上弦杆、上层桥面板、下层桥面钢箱、主桁竖杆、主桁斜杆及横向联结系板单元，组合节段单元件的焊接方式为主桁下弦杆与下层桥面钢箱焊接，主桁上弦杆

2015年9月9日，上海振华钢桁梁主梁试拼装

与上层桥面板焊接，横向联结系与主桁竖杆焊接，主桁竖杆和斜杆与主桁下弦杆及主桁上弦杆焊接。

（3）在预设的试装平台上对相邻新型箱桁组合节段进行试拼装。

（4）对新型箱桁组合节段的外表面进行防腐涂装。

沪苏通长江公铁大桥采用大节段钢梁安装法，主梁架设仅需要 220 天；相比采用需要 310 天的两节间桁片架设法和需要 288 天的单节间整体架设方法，工期大幅缩短。

31 厂内的杆件或块件生产精度控制

从确保杆件几何精度和采用最佳的杆件制孔方式两方面入手，解决杆件、块件制造的三大难点。

沪苏通长江公铁大桥主桁的建设，采用搭积木般拼装整节段的方式，因此各个杆件、块件就是拼装的基础单元。若基础单元的精度不到位，保证整节段的精度也就是一句空话。而杆件、块件的精度控制有三大难点。

第一，该桥主桁采用全焊接整体节点构造，标准节段为两节间设计，主要连接焊缝均要求熔透，因此焊接工作量大。由于钢结构在焊接过程中的热胀冷缩受到母材金属的约束，焊接工作量越大，杆件或块件内应力和纵横向变形就越大，整节段外形尺寸精度控制的难度也越高。因此使用高强度螺栓连接的拼接口，其制孔方案须充分考虑焊接变形、设备能力、生产工效等综合因素。

第二，该桥采用三桁整体大节段吊装法施工，因此桁片内上、下弦杆自身的栓孔精度和三桁片之间的相对位置精度是必须考虑的因素。

第三，该桥的纵向线形在设计时，已考虑预拱度，而非传统的直线，因此所有杆件的放样尺寸均有微小差别——如不能认真细致对待，杆件极易因孔位错位而无法连接。

应对这些难点最关键的抓手是控制制孔精度，而要控制制孔精度，则需要从确保杆件几何精度和采用最佳的杆件制孔方式两方面入手，即需要先制作出标准的、定型的杆件和块件，然后针对不同形式的杆件和块件应用不同的制孔方式，保证杆件的孔位无误，从而保证各节段在江面上顺利连接。

首先，要通过机加工使各零件尺寸精度满足要求，重点对隔板、节点板、竖板等零件进行机加工，尤其是隔板。加工后，板件的长宽及对角线误差均在1mm以内。杆件组装的高精度则建立在对杆件整体组装及焊接过程的有效控制上，须尽可能减少杆件在组焊过程中的变形。

其次，对该桥杆件进行分类，分别匹配不同的制孔方式。半高腹杆、公路桥面纵梁等杆件为普通箱形或工形杆件，可按照常规方法进行栓孔钻制，即配备单龙门数控钻床进行钻孔，工作范围为1.5m×1.5m，误差达到0.3mm，同时钻制杆件一端的三面孔，确保不同平面栓孔在纵向、横向上不错位。

上、下弦杆等整体节点杆件为箱形杆件，其板材尺寸大、结构复杂多变、钻孔数量多。为满足各类杆件钻孔精度方面的超高要求，建设团队依托先进的双龙门三维数控钻床，将钻孔工艺分为两大类型。其一，全部下弦杆和绝大部分上弦杆的栓孔均通过双龙门三维数控钻床钻制；利用双龙门的精密联动，在杆件装卡到位后一次性完成杆件两端栓孔的钻制。其二，对于个别因锚箱高度及角度原因无法使用双龙门三维数控钻床进行两端同时钻孔的上弦杆，则只能采用双龙门数控钻床钻制杆件一端栓孔，在另一端划线、钻定位孔后再利用小型样板接钻，即利用双龙门三维数控钻床配合U形样板钻孔。该过程见下图所示。

至此，杆件制造的难点得以解决，重点得到控制。新的工艺不仅有效保证了制孔精度，同时大大提高了钻孔效率，降低了制造成本，保证了工期。经统计，至杆件制造完成，沪苏通长江公铁大桥主桁上、下弦杆及边孔距最大偏差值均在规范要求的1.0mm范围内，其中一半以上的偏差值小于0.5mm，过硬的杆件精度为后续整节段拼装打下了坚实的基础。

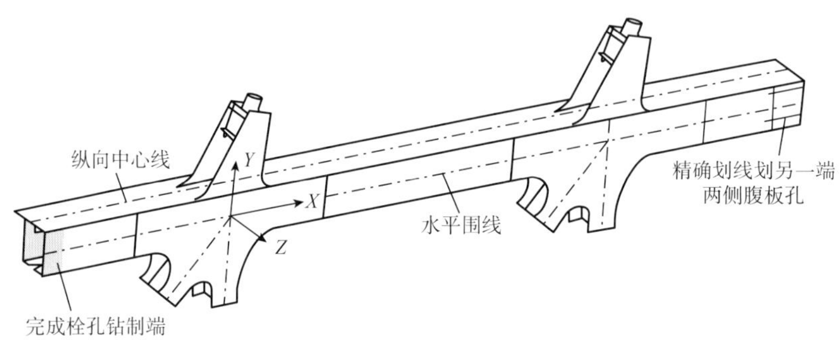

上弦杆一端钻孔后精确划定另一端螺栓孔位置线

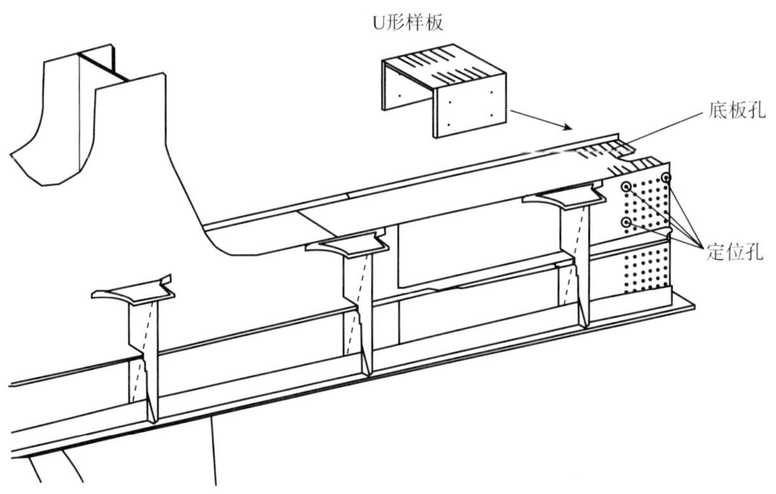

卡U形样板钻制弦杆底板螺栓孔

ZPMC

32 整体桁架节段焊接

从进行课题研究，到试验论证工艺；从确定工艺控制要点，到严格执行、优化提升工艺，高度专业性的整体桁架节段焊接确保杆件和块件牢固地组成一个整体。

沪苏通长江公铁大桥主航道桥整体桁架节段是由一块块“小积木”，即杆件和块件搭接而成的，各个“小积木”又是由更小的钢结构“积木”组成。要保证各个“积木”牢固地组成一个整体，需要进行高度专业性的整体桁架节段焊接。

一、确定思路，分析难点，进行课题研究

沪苏通长江公铁大桥主航道桥采用了新一代高强度钢材——Q500qE 高强钢。该钢种为新开发的钢种，且为首次在国内钢桥上应用，被誉为第六代高强钢。为了在整体桁架节段制造中更好地焊接这种新钢种，中铁山桥集团有限公司参加了原铁道部组织的重大课题“超千米跨度公铁两用斜拉桥关键技术”，并承担了其中的 Q500qE 高强度桥梁钢焊接性试验研究，最终不负众望，研究出了该钢种的新型“强力胶水”——Q500qE 高强度桥梁钢焊接工艺，为沪苏通长江公铁大桥的成功建设奠定了基础。

二、开展试验，进行焊接工艺论证

整体桁架节段制造开工前，针对整体桁架节段焊接的各

种情况进行焊接工艺试验。试验的条件与节段制造的条件保持一致，试验的原材料选择与实际使用的原材料一致。试验完成后，组织焊接专家评审会，邀请专家对焊接的过程、结果进行讨论、分析，论证试验结果是否可信，确定相应的工艺方案是否可行。

三、编制方案，确定工艺控制要点，制定严格的质量管控措施

要保证焊接质量，首先必须严格管理原材料，选择产品质量合格的厂家生产的钢板、焊丝等原材料，对所有进厂的原材料都进行复检，严格执行检验程序，确保原材料的化学成分、力学性能、焊接性能满足设计要求。其次，要妥善存放原材料，严格落实管理程序，杜绝因保管不善导致原材料作废的情况。再次，焊接时要严格执行工艺要求，注意焊接的环境条件对焊接质量的影响，严格在工艺要求的温度、湿

板材焊接试验

度等条件范围内进行焊接施工。最后，焊接完成后，要严格按照工艺要求及国家相关规范进行焊缝检验，确保每条焊缝都是合格的。

四、执行工艺要求，注重细节

首先，焊接前要注意检查焊丝等原材选用是否正确。其次，焊接前必须将待焊区域及其周围20~30mm范围内的铁锈、油污、氧化皮、底漆等有害物打磨干净，露出金属光泽，并按要求进行预热。再次，合理安排焊接角度，尽量避免在不利角度进行焊接；尽量采用对称焊接，减小焊接量，降低焊接应力。最后，拆除临时连接件时，严禁用锤击落，必须用火焰切割切除，然后打磨平整，并进行检测。

五、注重优化工艺，减小不利因素影响

首先，采用自动焊机、板单元自动组装定位焊机床等先进的设备取代人工焊接，消除人为因素对焊接质量的影响。其次，根据实际焊接情况，及时调整焊接顺序，减小焊接变形的影响。最后，对焊接收缩量进行跟踪，并对信息进行整理反馈，作为精确预留焊接收缩量的依据。

沪苏通长江公铁大桥整体桁架节段的一块块“小积木”，就是通过这样精细的过程，牢固地焊接为一个整体的。

高强钢扫描电镜微观分析

33 整体桁架节段测量

布置整体桁架节段测量控制体系，确保用于主桁整节段拼装的杆件和块件尺寸精准。

为确保用于沪苏通长江公铁大桥主桁整节段拼装的“小积木”——杆件和块件尺寸精准，必须在拼装前布置完成测量控制体系。沪苏通长江公铁大桥整体桁架节段测量的重点有二：拼装胎架测量和节段拼装测量。拼装胎架是为节段拼装提供硬件场地的拼装平台。全部钢结构节段都要在这个平台上进行组装，因此胎架的制作精度直接影响节段的尺寸精度。为了保障胎架在节段拼装过程中的定位精度，建设团队在评估确认拼装场地和支墩的刚度、承载力后，通过平面控制网放样确定支墩纵、横向中心线（放样误差不大于 10mm），并在胎架的外侧设立横、纵向地样点（基准线须用划针刻划，允许偏差为 ±0.5mm）。通过设置活动支墩（顶部安装三向可调装置）和固定支墩（顶部安装对拼可调式楔块），配合高精度水准仪，实现桁宽、三桁节点里程差和预拱度的精准测控。现场预留沉降监测点，以便于定期观测。

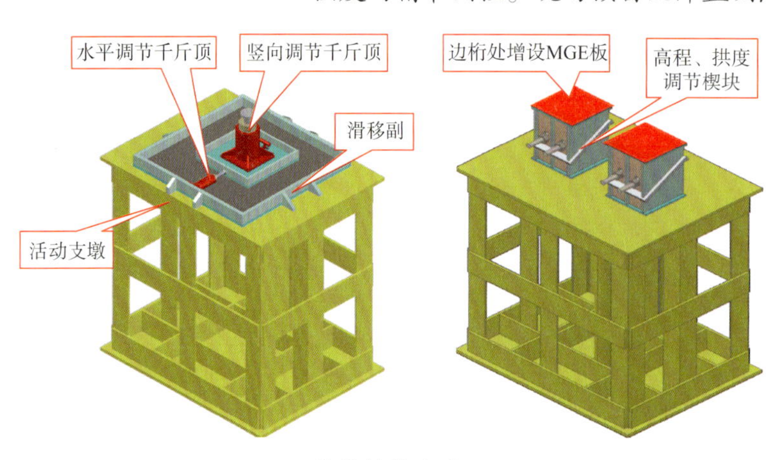

节段拼装支墩

有了这样精度的控制，方可为“积木”的拼装提供真实、准确的监测数据。接下来要解决的问题就是如何测量“积木”。

在“搭积木”的过程中，钢梁是由小件到大件，由小块到大块，

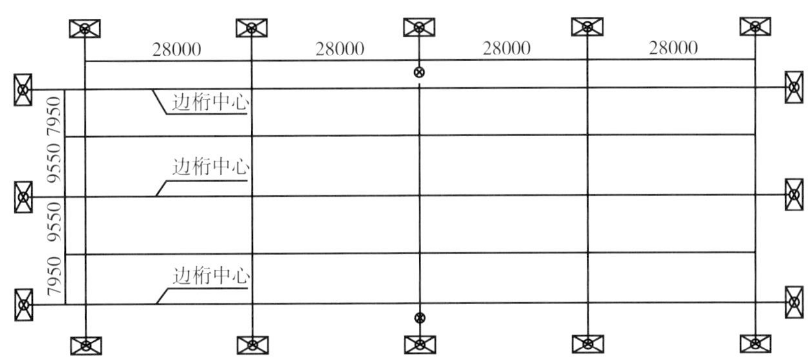

节段拼装平面控制网示意图（尺寸单位：mm）

逐步“长大”的。因此在拼装胎架测量完成后、整节段拼装开始前，要对节段拼装进行过程测控。

每轮次节段拼装前，需在主桁片、横联片体、公路桥面、铁路桥面上做测点标识，用作节段拼装测量、焊后检测及桥址架设测控的基准点。

节段测控顺序按照拼装顺序确定为：中桁，左侧铁路桥面，右侧铁路桥面，左侧边桁，右侧边桁，左横联，右横联，左侧公路桥面，右侧公路桥面。

块体全部拼装、临时固定完毕后，用全站仪测量节段接口尺寸，包括主桁中心距、桁高、主桁垂直度、对角线偏差、三桁纵向偏差、锚点位置等，并使用第二套仪器测量校核，保证桥位栓孔通过率，同时将接口三维坐标数据存留。而后，利用各接口测点数据分析本轮次全长的直线度，利用精密水准仪测量本轮次节段拱度值。这两项数据与存留的接口尺寸共同组成一整套准确的拼装数据，是节段精准连接的佐证。最后，收集焊接收缩等变形量，并研究、分析、预测趋势，为下一轮节段接口尺寸预留提供指导。

当一个轮次的节段拼装完成，测得本轮次的纵轴线顺直度、桁宽、三桁节点里程差、预拱度等关键数据无误后，本轮次的钢梁拼装就大功告成了。

34 整体桁架节段拼装

首先搭建专用的拼装平台，布置专业的测量控制网络，而后由杆件、板单元制造，到桁片、桥面板块制造，再到整节段“1+3”立体匹配组拼，进行 14 个轮次，完成全部钢梁的预制拼装。整个拼装过程中，测量和误差精度均控制在毫米级；对焊接的横向收缩量均进行预留，以确保双节间钢梁节段尺寸精确。

沪苏通长江公铁大桥主航道桥的建设采用整体桁架节段架设方案。其整体桁架节段采用三片主桁结构，桁式采用 N 形桁，标准段公路桥面采用整体钢桥面板结构，铁路桥面采用整体钢箱结构；需在工厂内拼装完成。

沪苏通长江公铁大桥的整体桁架节段是如同“搭积木”般，由杆件、板单元制造，到桁片、桥面板块制造，再到整节段“1+3”立体匹配组拼，由小到大拼接而成的；也就是说，先拼成各个板块、桁片、片体等，如整体桁架节段分块示意图所示；继而拼成一个双节间的整节段，如大节段钢桁梁整体组拼制造工艺流程图所示。再运用“1+3”立体匹配工艺在一个轮次中

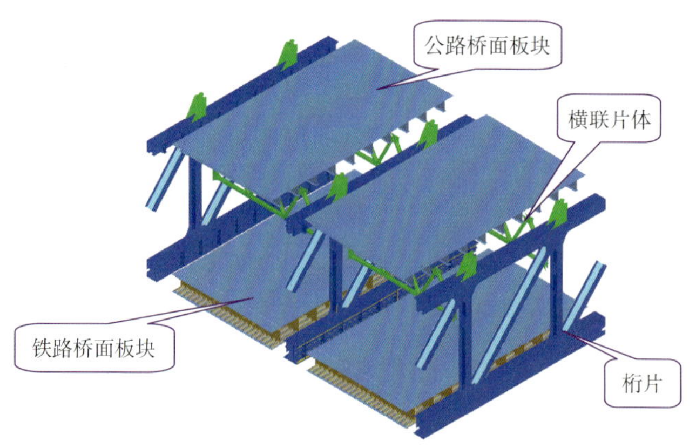

整体桁架节段分块示意图

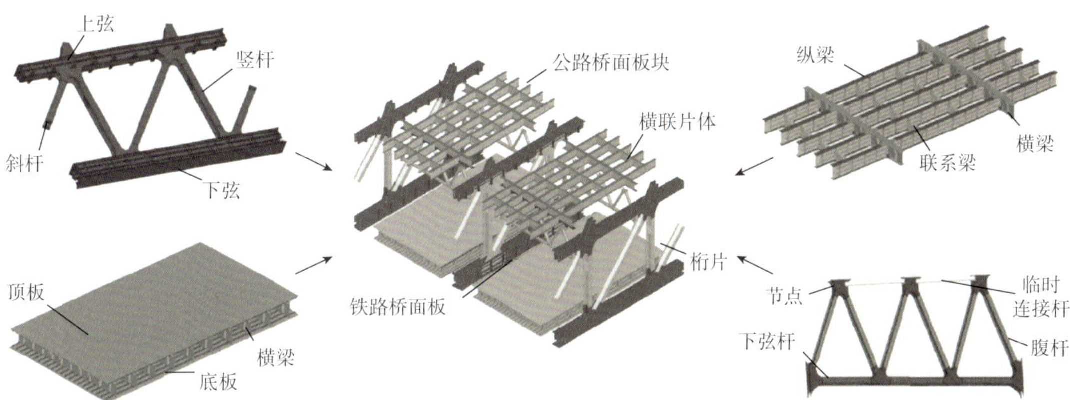

大节段钢桁梁整体组拼制造工艺流程图

整体桁架节段拼装图

拼装出包含 4 个节段的“大积木”。如此进行 14 个轮次，即完成了沪苏通长江公铁大桥 2300m 主桥全部钢梁的预制拼装。

在拼装整体桁架节段前，必须完成两个前置条件：搭建专用的拼装平台（包括地基加固与支墩布置），布置专业的测量控制网络。拼装平台为整体桁架节段拼装提供安全、可靠的硬件场地，能够承载最大节段的重量，不会因为节段过重出现地基明显下沉、支墩严重变形。测量控制网络为节段拼装提供检测手段，是整体桁架节段拼装的电子眼和尺子。测量控制网络采用专业的三维数据测量手段，使用专业的三维测量仪器，能够随时监控节段的各项尺寸数据并反馈给现场作业人员，以便及时发现节段拼装存在偏差之处并进行调整。整个拼装过程中，测量和误差精度均控制在毫米级，因此工厂内作业可时刻保持整体桁架节段线形的完美。

以“1+3”多节段连续匹配拼装方式进行整体桁架节段拼装时，待第一个整体桁架节段拼装完成后，以其为基准，紧接着拼装后续节段；一个轮次的拼装结束，即4个节段的“1+3”整体拼装完成后，将这一轮次4个节段的前面3个移出拼装平台，存放到别处，而将最后一个节段继续留在拼装平台上，作为后续整节段的基准。如此循环，完成14个轮次，方可完成全部整节段的工厂内预制拼装。

而既然是“搭积木”，那么每一块“小积木”的差错都会积累，影响最后成形的“大积木”的尺寸；当差错超过一定范围时，甚至可能出现钢梁在现场无法对接的情况。因此，每一块“小积木”的拼装都马虎不得。怎样保证“小积木”双节间钢梁节段尺寸精确，使“小积木”能够顺利拼成尺寸合格的“大积木”呢？如整体桁架节段拼装图所示，在一个节段或一个轮次的拼装过程中，当“小积木”搭接完成后，需要通过将各小积木焊接成一个整体桁架节段。由于焊接时焊接处温度超高，且焊接缝是顺桥向布置的，因此焊接完成后整体桁架节段会出现横向收缩。为避免出现焊接后横向收缩尺寸过大或收缩不足，导致整体桁架节段尺寸不合格的问题，需在“小积木”搭接时提前考虑横向收缩量的大小并进行预留，同时还要考虑对各个焊缝的施工顺序进行排列，从而保证在“小积木”焊接完成、整体桁架节段横向尺寸收缩后，“大积木”——整节段的尺寸精准地符合工程师们的需要。桥梁工程

师们不知测量了多少数据，熬过了多少黑夜和黎明，才得到了精确的收缩量和焊接顺序。除此之外，工程师们还加强了对杆件、桁片等块件组拼前的逐个验收，定期复测精测网的精度，有效控制各接口错台错边误差，严格管理冲钉及螺栓的组装……就这样，在大家不懈的努力下，沪苏通长江公铁大桥主桥全部钢梁的预制拼装圆满完成。

35 仅仅是上个船，要解决多少难题？整体桁架节段下河与定位

自行式模块运输车“组团”搬运主桥整体桁架节段，根据潮水的涨幅选择最合适的上下船时间。“改装”船送整节段钢梁顺利上桥。

沪苏通长江公铁大桥主航道桥建设采用整体桁架节段架设方案；整体桁架节段需在工厂内拼装完成后，再运输至桥址安装。而整体桁架节段长28m，宽度超35m，高度超过20m，最大重量超1700t。传统运梁驮车无法满足将整节段从预拼厂转运到货船的运输需求。

为安全、高效运输这一庞然巨物，施工单位中铁大桥局采用了新型自行式模块运输车。

该运输车单个轴线的轴载为48t，每辆车由若干四轴线和六轴线模块组合而成。在精确测定节段总重、明确规划转运路线后，需要解决运输过程的平稳上船难题。要求根据潮水的涨

整体桁架节段运输

上船过程中监控水位高低

幅，找到一个相对安全的上、下船时间段，还要根据潮水在这个时间段内的涨潮或落潮量，通过两台排量为 500m^3/h 的压载泵及时调整运输船的压舱水量，以保证运输船与岸边的高度一致，让运输车始终在一个水平面上行进，避免模块车受力不均导致局部损坏乃至钢梁倾覆。

整节段装船时，要特别注意节段的朝向和货船在桥位定位位置和方向，保证与吊装整节段时的方向一致。为平稳存放大节段钢梁，需要对货船舱底等各个支撑点进行改造、加固，支墩上铺设高强度橡胶垫平衡各点受力及对油漆保护，使得钢梁转运至支撑点“落座”。节段在运输船上存放位置为：节段长度方向纵向中心线与船长方向垂直。运输船装载甲板面上划分有整节段的存放位置线，支墩位置的布置充分结合了船舶自有强度，并结合运输船和大节段特点，而且还考虑到运输船上支墩的共用性。利用大节段桁架相交处承受较大载荷点作为钢支墩的布置点。

36 墩顶段钢梁的架设

大胆的特殊方案：将墩顶钢桁梁分节段起吊至主墩墩旁托架顶部滑道，而后利用钢梁纵移滑道结构将钢桁梁纵移至设计位置。

沪苏通长江公铁大桥的主航道桥为两塔五跨斜拉桥，主梁采用全焊接箱桁组合结构梁整节段架设方案，节间钢梁采用3片N形桁架结构，多向空间复杂，制造和架设精度要求高。其中，主墩顶钢梁的顺利架设，是进行后续大节段钢梁架设的前提条件。

然而，不同于跨间钢梁的架设有架梁起重机的吊力上拉，墩顶处钢梁的架设是架梁起重机鞭长莫及的，需要采取特殊方案完成这一小部分钢梁的架设。

虽说墩顶钢梁占钢梁总量的比例显得好像“不起眼”，但其实墩顶段钢梁的体量大得惊人。主墩墩顶钢桁梁共5节段，节段最大重量907t；边墩墩顶钢梁为非标准节段钢梁，重量约为1209.5t；辅助墩墩顶钢梁共3个单节段，最大设计重量约986t。怎样才能把这些大家伙顺利地架到墩顶上呢？

施工单位中铁大桥局的工程技术人员开动脑筋，设计了一个大胆的方案。在墩旁架起一座托架系统，包括钢管支架系统、滑道梁、滑块。钢管支架的立柱作为竖向承重结构，将钢桁梁架设过程中的竖向荷载传递至承台；滑道梁为钢桁梁节段拼装的支撑及滑移结构。架设主墩墩顶钢桁梁时，使用1800t大型浮吊将钢桁梁分节段起吊至主墩墩旁托架（纵桥向布置）顶部滑道，然后利用钢梁纵移滑道结构将单节段钢桁梁纵移至设计位置。

吊装过程中，1800t浮吊船的稳定性、外部风力以及水位的升降都会对钢梁的对接产生影响。因此，对时间的把控成为现场安装的关键要素。此外，安装精度的高要求也是一大挑战。钢梁吊装到位后，已装钢梁和待装钢梁每个断面之间需由6000多套高强螺栓进行连接固定，精度误差必须控制在1mm以内。要克服这些困难，只有沉着冷静、一丝不苟、指挥得当、动作协调一致这唯一的法门。

在大家的共同努力下，主墩、辅助墩、边墩所有墩顶钢梁都按照同一方案，顺利完成了架设任务。其中28号主墩墩顶钢梁架设实现了18天在70m高空架设长70m、总重量达4241t的5个节段钢梁的创举。

29号墩墩顶钢梁架设

37 钢梁太重，全世界都没有好用的起重机？那就自己造一台

针对大节段钢梁为三主桁结构、吊重大、公路桥面锚拉板高度高的特点进行研发，制造出世界上载荷最大的架梁起重机；配合远程监控，实现了钢梁整节段工厂预制和现场整体安装。

沪苏通长江公铁大桥的钢桁梁是由桥梁工厂制造的。长28m、宽35m、高16m、最大重量1744t的两节间钢梁在制造厂内采取“半长线法”，按“1+3”匹配制造成整节段，利用两台模块车进行厂内转运并滚装上船、运送到桥址。接下来的工作就是使用起重机将其起吊安装了。而吊起1744t的整节段钢梁，起重机至少要具备起吊1800t的能力。这样的起重机国内没有，世界上也没有。

自己造！敢为人先的大桥工匠们，雄心勃勃地投入到研发工作当中。他们针对沪苏通长江公铁大桥大节段钢梁为三主桁结构、吊重大、公路桥面锚拉板高度高的特点进行研发，提出了自制四主桁、高底盘、可翻转支腿结构步履式架梁起重机的方案；经过反复论证和精确计算，终于成功制造出了世界上载荷最大的架梁起重机。

架梁起重机

这一架梁起重机由机架结构、走行系统、锚固系统、顶升系统、导向系统、起升系统、吊点纵移系统、电气液压系统、走道栏杆等部分组成。整机自重1022t，额定起重量1800t，起吊幅度13~22.15m。机架结构由四桁菱形桁片组成，可拆解为两台900t起重机，应用范围广泛，有三大主要创新点。

一是三点均衡吊装系统，即将两边吊点置于一根长横梁上，中桁吊点置于一根短横梁上，长短横梁前后错开，使三个吊点形成一个等腰三角形。吊装时，先调整钢梁节段，使其重

心与三吊点三角形形心在同一条铅垂线上，然后控制三吊点同步提升，即可保证三个吊点受力基本均衡。

二是三前支点静定支承方式，即将中桁前支点变为液压柔性支点，由液压比例系统程序自动将该点反力控制在约为三个前支点反力总和的1/3，使三个前支点受力明确。

三是可翻转支腿设计，实现了自走行时可避让边桁顶面锚拉板。

除此之外，为实现主航道桥钢梁架设全过程远程监控，现场建立了搭载专用光纤的超2300m无线传输系统及监控指挥中心，满足影像和关键监控参数实时多样化传递的要求，为实现水上工点信息化管控提供基础支撑。监控系统实时采集起重量、天车幅度、起升高度、风速及操作指令等参数并进行显示，发现故障及时报警，且可进行历史追溯；带有远程监控功能，能将现场的施工录像和设备的工况远程发布到网络中，方便通过浏览器及视频软件远程查看。配备寻呼设备后，监控系统为桥梁架设现场指挥、异地协助提供了关键的实时信息和通畅的交流平台，在安全风险极高的关键工序管控方面发挥了重要作用。

大节段钢梁采用1800t架梁起重机悬臂架设，确保了梁体提升过程中的稳定性。通过在起重机前中支点设置恒反力千斤顶，进一步均衡起重机站位节段三桁局部受力。可翻转支腿的设计，解决了起重机支腿与锚拉板的空间冲突，同时为斜拉索挂设让出空间。

在技术专家眼中，1800t架梁起重机稳定性好，作业精度高，可以进行两侧整节段同时吊装，既减少了现场水上施工环节，压缩了工期及成本，也降低了钢梁架设对航道通航的影响。

施工单位中铁大桥局采用自主研制的世界上载荷最大的1800t架梁起重机，实现了钢梁整节段工厂预制和现场整体安装，为沪苏通长江公铁大桥优质、高效、安全建成提供了重要保障，缔造了钢桁梁桥制造架设领域的又一次技术跨越，标志着我国桥梁工业化建造达到世界先进水平。

38 整体桁架节段现场对接施工

3片主桁结构，整体起吊，主桥钢梁节段对接口达到9个，对接难度极高。工程师们采取调整接头拼装顺序等措施，实现了钢梁弦杆的精准对接。

当沪苏通长江公铁大桥主航道桥的一个个巨型而又精致的“小零件”——整体桁架节段乘船来到架设现场，准备上桥时，接它们上桥的正是1800t的架梁起重机。而它们上桥的具体流程就是：船运钢梁至桥位架梁起重机正下方，并进行锚碇定位；架梁起重机下放吊具，随即进行吊具安装；钢梁同步悬臂起升；弦杆对接；高强度螺栓施拧；现场焊接；斜拉索挂设、张拉；架梁起重机走行；进入下一梁段架设（即迎接下一个节段上桥）。

但这里隐藏着一个秘密：沪苏通长江公铁大桥主航道桥钢梁节段之间的对接可不寻常。普通钢梁如果采用杆件散件拼装，对接口就只有1个；如果采用桁片对接，就有上、下弦杆和斜杆共3个对接口；如果是两片主桁整体起吊，对接口数量就是单片桁片对接口的2倍，即6个。而沪苏通长江公铁大桥是3片主桁结构，也是整体起吊，因此对接口达到了9个，包括3根下弦杆、3根上弦杆和3根斜杆。这样的对接可是很少见的，难度非常高。

钢梁双悬臂对称架设

难度高，是由于已架梁段和待架梁段受力不同。已架梁段受压，接口向下变形；待架梁段受拉，接口向上变形。经过

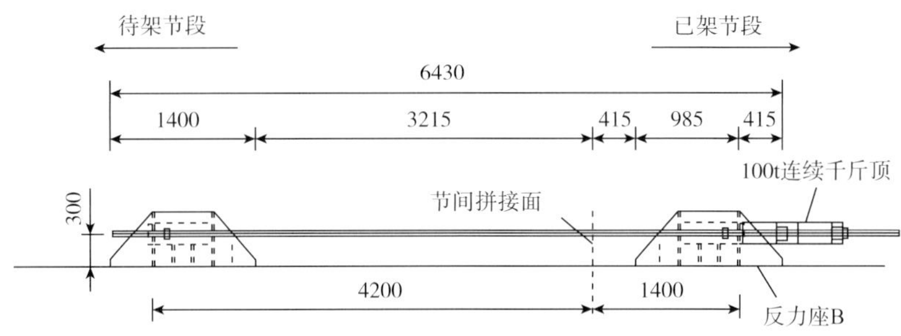

纵向调节装置（尺寸单位：mm）

计算发现，9个对接点在竖向存有高差，最大高差达11mm。钢结构杆件又不是橡皮筋，岂能随意拉伸。于是，施工单位中铁大桥局的工程师们为实现钢梁弦杆的精准对接，采取了调整接头拼装顺序和增加辅助对接装置的措施。

钢梁弦杆对接的总体顺序为：下弦—斜杆—上弦。

下弦对接的顺序为先中桁后边桁。中桁对接后通过起重机松钩来消除边桁接口处高差。下弦对接时，主要通过架梁起重机吊具整体纵移来调整待架节段姿态，使待架节段姿态与已架设节段一致，以便对接。

斜杆对接的顺序也是先中桁后边桁。通过公路桥面的纵向调节装置施加约1000kN对拉力，进行待架梁段和已架梁段对拉，调整待架节段姿态；同时利用大、小冲钉，逐步对接斜杆。

上弦对接的顺序则是先边桁后中桁。主要通过公路桥面的竖向调节装置，使用竖向千斤顶调整两个梁段接口高程；待高程一致即快速插打对位冲钉，实现对接。

弦杆对接完毕后，进行桥面板对接，对接顺序为先铁路桥面板，后公路桥面板。过程中将接口间隙调整至规范要求以内，为焊接做准备。

以上对接工作依次完成后，施拧高强度螺栓，然后进行现场钢梁焊接施工。就这样，工程师们宛如化“百炼钢”成“绕指柔”一般，精致地实现了梁段的对接。

39 钢梁架设的“定风法宝”

钢梁悬臂架设带来了钢梁线形受到江面大风影响，不利于合龙的问题。大桥建设者们在主航道桥、专用航道桥和简支钢桁梁桥钢梁架设过程中，分别针对性地设置了增强抗风能力的装置。

沪苏通长江公铁大桥的钢梁架设施工，除墩顶钢梁采用浮吊吊装架设外，均采用悬臂架设。这带来了一个问题：随着钢梁架设的进行，悬臂部分将越来越长；又柔又长的钢梁面临江面大风的吹扰，线形受影响很大，不利于钢梁合龙。为此，大桥建设者们专门为自己“哺育”的“钢铁巨龙”量身定制了“定风法宝”。

主航道桥为主跨1092m的斜拉桥。大桥建设者们在主墩处设置纵向抗风牛腿，在辅助墩顶处增加横向抗风牛腿。抗风牛腿与钢梁焊接，可以理解为在钢梁架设过程中，巧妙地为钢梁设置了限位，以增强钢梁架设中的抗风能力。

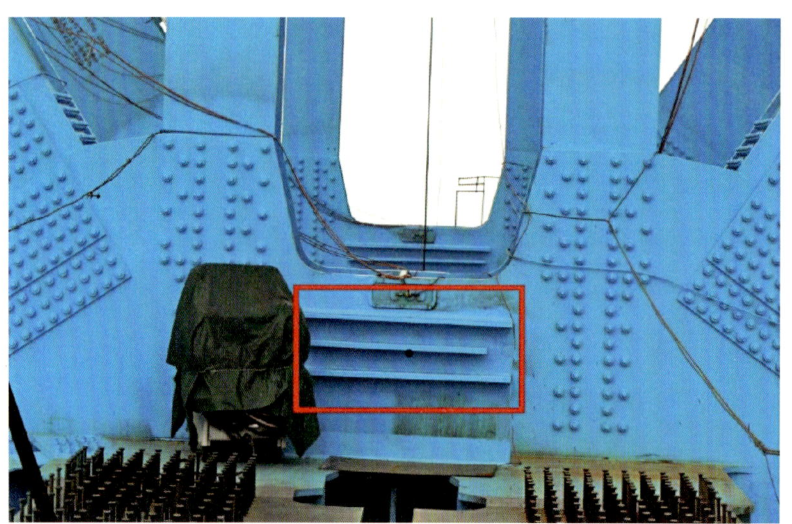

临时连接补强

横向限位

纵向限位

主航道桥钢梁架设过程中，在主墩钢梁抗风牛腿处增设钢垫块进行纵桥向限位；对主墩钢梁增设横向限位垫块，暂不安装横向橡胶支座。在已焊接的抗风牛腿的作用下，通过灵活调用钢垫块进行抄垫，钢梁架设的抗风要求得到了充分的满足。

天生港专用航道桥为主跨336m的刚性梁柔性拱桥。墩柱施工完成后，首先在托架上架设墩顶四节间钢桁梁，而后采用斜拉扣挂系统辅助，从主墩顶开始向中跨和边墩双悬臂对称架设其余节间，最大双悬臂架设长度达到140m。边跨上墩后，主梁采用单悬臂架设，直至中跨合龙。悬臂架设期间，钢桁梁通过临时竖杆与墩旁托架连成一体。临时结构与主体结构通过高强螺栓连成整体，通过加强临时结构的刚度和稳定性保证钢梁双悬臂架设施工期间的结构稳定性。同时，在墩顶支座垫石处设置限位装置，约束钢梁扭转偏位。

112m跨简支钢桁梁悬臂架设采用墩顶临时连接；为降低结构应力，在临时连接部位增设水平加劲板，使临时连接得到了加强，同时有效提升了下弦杆临时连接在受压状态下的稳定性。

为了确保钢梁横向稳定，在墩顶中桁临时连接处设置横向限位装置。为保证钢桁梁在架设过程可自由伸缩，在小里程处设置单向纵向限位装置。通过这两项法宝，钢梁大跨度悬臂架设的抗风稳定性大大加强，施工过程的安全得到了有力保障。

40 千米跨度钢梁如何实现精准“握手”？

将合龙工序拆分为5个步骤，针对两种合龙口的变形行为特点制定不同的合龙措施，对影响合龙的敏感因素进行计算分析，对合龙的各种情形进行全面的预测——工程师们为实现零误差合龙做足了准备。

斜拉桥钢梁安装多采用悬臂架设施工，自两个主塔分别悬臂架设至跨中，同步进行斜拉索挂设，最后安装一个合龙块段，将两侧悬臂端连接起来形成连续梁。

合龙口两侧钢梁的精准对接绝非易事。钢桁梁架设过程中点滴误差的累积，乃至桥梁钢结构的热胀冷缩，对合龙的影响之大超乎一般人的想象。沪苏通长江公铁大桥的建设者们殚精竭虑、锱铢必较，为实现零误差合龙倾注了大量的心血。

沪苏通长江公铁大桥主航道桥跨度大，总长约2300m，包含2个辅助跨、2个边跨、1个主跨；温度变化影响合龙的问题十分突出——这也是合龙最大的难点。由于钢梁悬臂长度超500m，造成气温每升高或降低1℃，钢梁就会伸长或缩短6mm，而钢梁对接采用的是直径30mm的摩擦型高强螺栓，螺栓孔仅为33mm；因此两侧的螺栓孔对位后，温度变化超过0.5℃就会导致对接无法完成。不仅如此，在桥梁宽度方向上，上、下游侧钢梁的温度也会因日照角度的影响而存在差异，导致钢梁旁“弯”：上午太阳在大桥东侧，

中跨合龙节段整体吊装

钢梁东侧温度较西侧高，东侧伸长较西侧大，钢梁整体弯向西侧；相对地，下午钢梁则向东侧弯。此外，由于公路面温度受日照影响较铁路面温度高，钢梁在高度方向也存在下挠现象。所以合龙须在温度相对恒定的时间段内进行。

中跨合龙口铁路桥面对接

为降低500m大悬臂施工安全风险和温度的影响，施工单位中铁大桥局的工程师们将合龙工序拆分为27号墩辅助跨合龙、26号墩边跨合龙、30号墩辅助跨合龙、主跨跨中钢梁合龙、31号墩边跨合龙5个步骤；将合龙归为辅助墩、边墩合龙和中跨合龙两类，再针两种合龙口的变形行为特点制定不同的合龙措施。31号边墩晚于主跨合龙，主要是由于受到29号墩施工进度滞后的影响，并不影响全桥钢梁架设线形控制。

针对辅助跨和边跨的合龙，工程师们准备了墩顶梁段预偏和姿态调整、起重机压重、辅助墩起顶等诸多主动措施，调整两端钢梁接口姿态，实现精准合龙。但最大的考验还是中跨合龙。工程师们反复对敏感节点压重、温度升降各10℃、斜拉索拔出5cm、全桥纵向顶推、辅助墩起顶、31号边墩尚未合龙等影响中跨合龙的敏感因素进行计算分析，对合龙的各种情形均做了全面的预测，做好了充分的准备，像蓄势待发的战士，信心满满地等待着冲锋号角的吹响。

2019年9月20日，大桥终于迎来了主航道桥主跨的合龙。工程师们按照预定的方案，紧张有序地实施着调整斜拉索、定点压重、监测钢梁扭转等动作，将两侧钢梁间距、高程等调整为基本一致，继而对一侧钢梁进行顶推纵移，直至其与另一侧钢梁的间隙为5cm，然后开始等待温度变化的帮助。随着温度的不断升高，两侧钢梁开始伸长，间隙在人们的注视下渐渐缩小；当螺栓孔的错位由5mm、4mm、3mm直至变为0mm时，工人们迅速地将冲钉插打到位并在规定时间内完成高栓的更换，成功实现了钢梁的零误差合龙。新的千米级公铁大桥由此诞生！

41 铁路桥面上的“铠甲”

应用具有超高力学性能和耐久性能的工程材料，保护主航道桥、专用航道桥铁路面不受损伤，减少运营期间对铁路钢桥面铺装层的养护工作。

沪苏通长江公铁大桥主航道桥铁路桥面采用与弦杆焊接的整体钢箱桥面结构，专用航道桥采用多横梁的正交异性板整体钢桥面。桥面铺装层是钢桥面的重要组成部分，主要功能是保护钢桥面板免受道砟磨损和雨水侵蚀。为提高铁路钢桥面铺装的耐久性，减少运营期间对铁路钢桥面铺装层的养护工作，大桥的建设者们决定给主航道桥和专用航道桥铁路钢桥面披上一件坚固的“铠甲”——超高性能混凝土（UHPC）。

UHPC 是过去 30 年中最具创新性的水泥基工程材料，具有超高的力学性能和耐久性能，其力学性能介于混凝土与钢材之间。沪苏通长江公铁大桥 UHPC 抗压强度最高可达 150MPa，为普通混凝土的 3 倍；抗弯强度可达 25MPa，为普通混凝土的 5 倍；氯离子渗透系数为普通混凝土的 1/50。

主桥铁路钢桥面 UHPC 铺装厚度为 6cm，UHPC 铺装层通过栓钉与正交异性钢桥面板组合为整体协同受力体系，显著增大桥面板的刚度，防止正交异性板在运营过程中出现疲劳开裂。因此，UHPC 就像是披在铁路钢桥面上的一层坚固的铠甲，确保了钢桥板不受损伤，使桥面板的寿命能达到设计寿命——100 年。UHPC 优良的性能还使得铺装层在桥

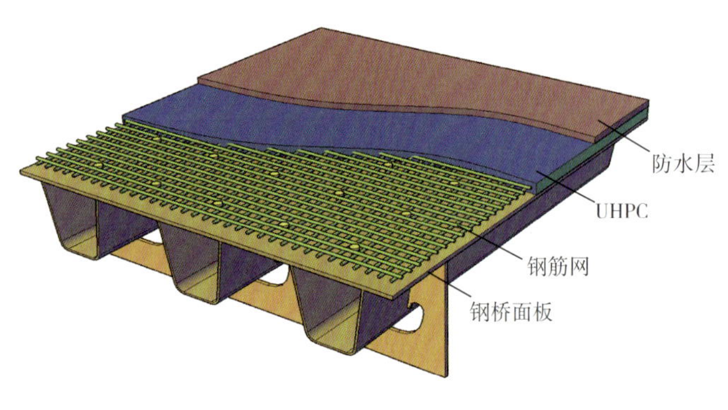

UHPC—正交异性板组合桥面体系组成

梁运营过程中不会出现开裂、破损等病害，不需进行保养与维修，避免维修对铁路交通造成影响。

UHPC 的拌和采用原材料的干拌和浇筑时加水湿拌两道工序。根据浇筑施工进度计划，提前进行干拌工作，确保每次浇筑施工之前，所需的 UHPC 干混料已准备足量。UHPC 施工时，将已经干拌好、装入储存桶的 UHPC 干混料投入湿拌机，根据配合比加水搅拌 3～4 分钟至 UHPC 流化，之后继续搅拌 2 分钟。

UHPC铺装

根据现场挡砟墙之间铺装面宽度，为 UHPC 铺装施工定制了 1 台宽 9m 的专业摊铺机。该摊铺机具有自动摊铺、整平及振捣密实功能。施工过程中工作桥紧随摊铺机，人工抹面及覆盖保湿膜、喷雾保湿等工序在工作桥上完成。摊铺机无法工作的区域，浇筑时采用人工摊铺、平板振动器整平。

UHPC高温蒸养

保湿养护紧随浇筑过程进行，人工抹面后立即洒水、覆盖保湿养生膜，具体流程为：高压水枪水雾喷射，覆盖节水保湿膜，浇水保湿。覆膜作业时注意不能损坏已摊铺完毕的 UHPC 层；养生膜搭接不小于 20cm，搭接处用塑料板覆盖，防止养生膜被风掀起。保湿养护过程中，加强巡查力度，发现保湿膜覆盖不到位、缺水等现象时，及时处理并补水养护；发现薄膜起泡拱起时，将其扎破并采用保湿膜补齐缺失部位；对于薄膜掀开或裸露区域，及时洒水并用保湿膜覆盖。

UHPC 终凝一般为 48 小时。待其终凝后开始高温蒸汽养护，养护温度恒定在 90℃以上，养护时间不少于 48 小时。高温蒸汽养护通过蒸汽发生器、蒸汽管道和蒸汽养护棚等设施实现。高温蒸汽养护的升温阶段，升温速度不大于每小时 12℃。养护结束后，以不超过每小时 15℃的降温速度将温度逐渐降至现场气温。养护过程中蒸汽养护棚内的相对湿度不低于 95%。

施工单位严把原材料关，编制周密的施工方案，加强摊铺过程质量控制及保湿养护，高质量地完成了 UHPC 施工。大桥铁路钢桥面上一层坚固的“铠甲”完美形成！

42 低温条件下的沥青铺装真功夫

落实对时间、温度、车辆、速度、衔接和工作量的把控，保证公路桥面沥青摊铺均匀、密实。

2020 年 4 月 14 日，沪苏通长江公铁大桥主航道桥公路桥面沥青摊铺全面完成，标志着全桥最后一个分项工程圆满结束。施工现场，所有工程技术人员和一线职工无不欢欣鼓舞。他们为自己的付出而自豪，为自己的劳动成果而骄傲。

沥青铺装是一项技术活儿，特别是在 4 月施工，气温的影响还很大。要保证沥青摊铺均匀、密实，确保施工质量，一方面沥青的材质要过硬，另一方面，组织施工的方式方法也必须过硬。材质上是过硬的，因为采用了国产自主研制的优质环氧沥青。组织施工是关键。施工单位中铁大桥局的工程技术人员研究制定了一系列措施为沥青铺装保驾护航。这些措施主要体现在“六个把控”上。

一、时间的把控

开始拌和沥青时，用储料仓存料；存料达到 3~4 车时开始放料，以保证料车到现场就能装料，缩短料车在现场的等待时间；特别是保证每放一车料，储料仓仍有一车的余量，避免现场出现等料的现象。

二、温度的把控

4 月份南通的正常气温在 15℃左右，极端低温一般出现在清晨，只有5℃。低气温不利于铺装作业。于是，工程技术人员和一线职工选择每天9点以后开始作业。同时，严格把控拌和楼的出料温度，尽量按温度要求的上限进行控制。除此之外，还在铺装区设置了“挡风墙”，以减少冷风降温。

三、车辆的把控

做好运输车辆的保温工作。车厢两侧设有保温层，覆盖到边、拉绳扣紧，三层覆盖。现场掀开保温层时有专人指挥，避免过早掀开导致温度散失或过迟掀开造成摊铺机停机待料。

四、速度的把控

运输车在保证安全的前提下，以较快的速度到达施工现场。若无特殊情况，摊铺机在施工过程中采用边摊铺边加油的方式做到每天一次起步、保持2~3m/min连续匀速施工。

五、衔接的把控

碾压采取初压紧跟摊铺机、复压紧跟初压、终压尽量在温度较高时结束的方式进行，加强对压路机速度和喷水量（在不粘轮的前提下越小越好）的控制，争取以较高的初压温度施工。

六、工作量的把控

考虑到气温对沥青铺装的影响，按照将铺装工作控制在上

午9点至下午4点间的标准安排工作量，以避免因工作量大造成延时。

经过工程技术人员和一线职工的共同努力，沪苏通长江公

主航道桥沥青铺装

铁大桥主桥桥面沥青铺装任务圆满完成。长江上一条乌黑靓丽的高标准高速公路使锡通高速公路全线贯通。

专用航道桥

43 配得上最好的钢——大桥焊接群控技术

焊接群控技术的应用，提高了焊接质量，优化了车间及焊机管理，减少焊材流失及浪费，为考核提供了数据依据。

沪苏通长江公铁大桥的建设者们完成了国内首次 Q500qE 高强度钢材研发，并将其应用于专用航道桥拱肋等关键受力部位；为确保 Q500qE 钢材的焊接质量，开发应用了焊接群控技术，将现代化的管理手段与先进的网络通信技术应用于焊接生产过程。

通过计算机设定焊机焊接工艺参数，并允许其在给定范围内微调，可以防止焊工对焊接参数的失误操作，不仅提高了焊接生产的自动化程度与管理水平，还实现了对关键产品焊接全过程的监控。通过焊接群控技术可统计有效焊接时间、焊接材料的消耗、焊接的平均电压和电流等，有助于节省成本，防止焊材混用，优化质量管理。

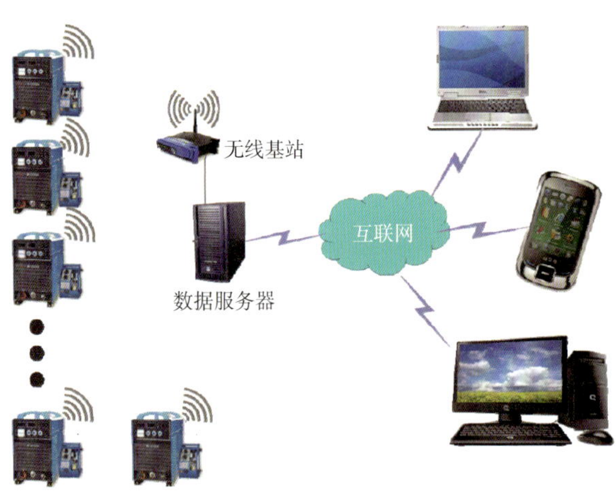

无线群控结构

焊机群控管理系统是数字化焊机集中管理的系统。该系统采用无线通信方式实现焊机与群控服务器的连接，服务器可连入企业局域网或互联网。获得授权的用户可以随时利用任何联网设备（电脑、手机等）通过浏览器直接访问系统。该系统具有焊机管理、焊接规范管理、焊接状态实时监控、焊接数据统计分析、历史数据曲线重现、焊机故障实时提醒等功

U肋焊接机器人

能，具有焊接数据传输方式多样化、人机交互界面简便化、系统访问方式多样化的特点，可协助实现对焊机的集群式控制和管理。

焊接群控技术具有以下优势：

（1）焊接规范设置功能可协助工厂加强焊接工艺的执行，提高焊接质量，杜绝违规操作。

（2）焊机分组管理功能可更好地完成车间管理及焊机管理，避免出现焊机使用混乱的情况。

（3）焊材消耗统计功能可加强焊材管理，减少焊材流失及浪费，为工厂节约成本。

（4）焊工工作量统计功能可为管理和考核提供精准的数字支持。

（5）焊接历史查询支持通过记录的数据追溯焊接规范的运用情况，有助于保证焊接质量。

（6）焊接数据曲线图可为焊接工艺制定和焊工焊接水平考核提供数据依据。

44 扣塔巧设计，实现一塔两用

基于对梁体承载力、梁体安装线形调整拉力、拱肋转体拉力以及成本的对比分析，专家组设计出了一套完整的梁体安装与拱肋转体共用的扣塔系统，令工期与成本得到了很好的控制。

沪苏通长江公铁大桥天生港专用航道桥上部结构采用刚性梁柔性拱方案，跨度布置为140m—336m—140m，全桥共44个节间，其中中跨24个节间。上部结构施工总体采用“先梁后拱，主梁悬拼、拱肋转体”的方案。

钢桁梁由架梁起重机悬臂拼装，施工时在主桁上弦设置扣塔斜拉扣挂系统以减小主梁悬臂弯矩，并调整主梁线形。后续施工工序中，拱肋在梁面支架上拼装后的竖向转体成型，也需要通过扣挂系统实现。智慧的建桥人提出了梁体安装与拱肋转体共用一套扣塔系统的大胆想法。

承担此任务的中交二航局项目部立即成立专家组，对梁体承载力、梁体安装线形调整拉力、拱肋转体拉力以及成本进行对比分析，设计出了一套完整的扣塔系统。

梁体施工扣塔体系

拱肋施工扣塔体系

这一扣塔系统的设计方案是，全桥共使用两套，分别位于3号墩侧和4号墩侧；由塔架架体、塔架顶底分配梁、拉索上端锚固梁、拉索锚箱、铰轴、拉索、风缆系统等结构组成。扣塔总高度89m。为了克服梁体安装以及拱内转体过程中扣塔塔偏的变化影响，扣塔底锚梁与梁体采用铰接的方式，确保了结构的稳定。扣塔结构采用模块化设计，实现了现场快速灵活组拼。为实现一塔两用，即主梁施工时用于张拉拉索以减小悬臂弯矩、调整线形，后续拱肋转体时作为转动支撑体系的目的，塔顶扣索锚箱没有采用常规的固结形式，而是设计为铰接，使得主梁悬拼完成后，只需在拉索锚箱模块中加装提升系统，就可实现由悬拼扣挂到转体支撑的快速转换。

如此，建桥人们研制的扣塔系统便实现了一塔两用，令工期与成本得到了很好的控制。

45 三桁变两桁，实现专用航道桥快速精准合龙

创新的三主桁箱桁组合梁分阶段合龙的方法，将多桁同步合龙转化为单桁对称分步合龙，解决了主梁三主桁同步合龙点数量多、合龙口不易调整的难题。

沪苏通长江公铁大桥的天生港专用航道桥为三主桁双层箱桁结构，主桁间距 17.25m，桁高 15.7m。其中中跨合龙杆件多（包括 12 根弦杆、6 根斜杆和 3 根竖杆）且主梁刚度大，增加了合龙口的调位难度。该如何实现天生港专用航道桥的精准合龙呢？

中交二航局技术人员首次提出了三主桁箱桁组合梁分阶段合龙的方法，将多桁同步合龙转化为单桁对称分步合龙，解决了主梁三主桁同步合龙点数量多、合龙口不易调整的难题。

天生港专用航道桥合龙口两侧钢桁梁的刚度非常大，为了使两侧钢桁梁姿态保持一致，须采取多种组合措施，分两个阶段对两侧钢梁进行粗调和精调。在中跨第 11 节间钢桁梁安装完成后，对桥梁线形进行测量，采用“升降边墩支点，使钢梁随主墩支座整体转动”和“张拉第二层扣索、抬高合龙口”两种重要措施，对合龙口两侧钢梁整体高差和转角进行第一次粗调。在 4 号主墩处设置千斤顶装置，将重量约 20000t 的钢梁整体向中跨方向顶推约 50mm，对钢梁里程方向偏差进行第二次粗调。

粗调完成后，通过在合龙口处设置的手拉葫芦、对撑杆等，对各合龙杆件相对偏差进行精确调整，使合龙口两侧各杆件的横向、竖向偏差均控制在 10mm 以内。精确调整完成后，安装合龙口杆件；在适当温度条件下配合设置各合龙口处的张

拉和顶推装置，将杆件里程方向偏差调整在 2mm 以内，而后进行各杆件合龙。

合龙选择在夜间温度相对稳定的时段，配合 4 号墩钢梁整体精准顶推进行。合龙顺序为：先下弦杆，后上弦杆。当合龙口孔眼重合后，迅速在下弦杆腹板处打入冲钉进行锁定。上下游边桁下弦杆均合龙完成后，迅速进行固结，同时进行上弦杆合龙。此时上弦杆合龙口的顶推或张拉，均采用合龙口专用调整装置。在孔群正位后，迅速打入冲钉锁定，然后进行固结。

上下游边桁合龙完成后，由于桁片对合龙口的约束以及三桁结构的对称性，原本调位困难的中桁杆件合龙变得异常简单，相当于进行普通杆件的安装，施工难度明显降低。参建团队通过“三桁变两桁”的工艺，顺利实现了天生港专用航道桥的快速精准合龙。

专用航道桥两边桁合龙后的状态

46 给拱肋K形支撑量身定做胎架

“拱肋宽大K形支撑运输胎架”使拱肋K形支撑水上运输的困难不复存在，从平板车上起吊也很方便；并取得了国家实用新型专利。

沪苏通长江公铁大桥的天生港专用航道桥为刚性梁柔性拱桥，全长616m。主梁为三主桁钢桁梁结构，桁梁间距17.25m，边桁高15.7m，中桁高16m。拱圈高达60m，为钢结构箱形截面；拱圈之间设K形平联。

行业内对于宽大K形支撑平联的安装，多采用船运至桥位，而后利用大型起吊设备直接从船上起吊安装的方式。然而由于天生港专用航道桥桥面距离水面高度达70m，小型设备根本无法进行起吊施工，大型起重设备又没有操作空间。而如果将宽大K形支撑平联的散件运至现场，在桥位进行安装组拼，现场的工作量过大，且组拼的精度和质量不易保证。

困难难不倒大桥建设者。他们针对现场的实际情况，综

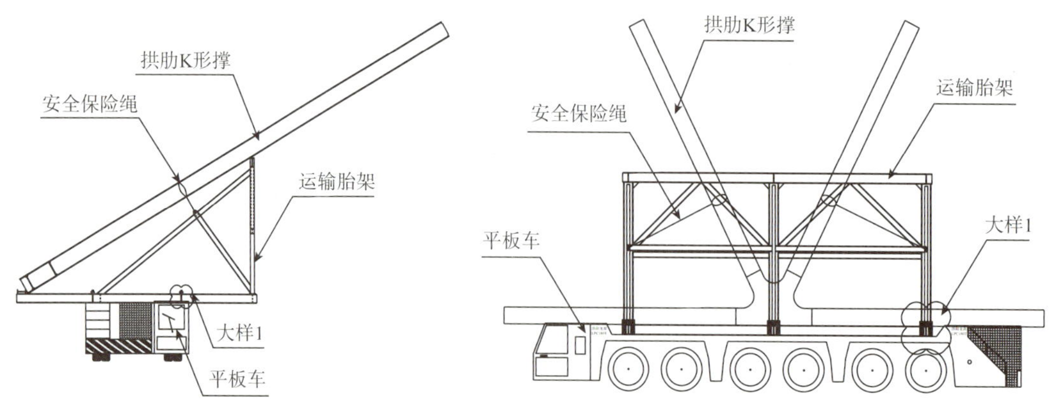

拱肋K形撑装车正视图（左）、侧视图（右）

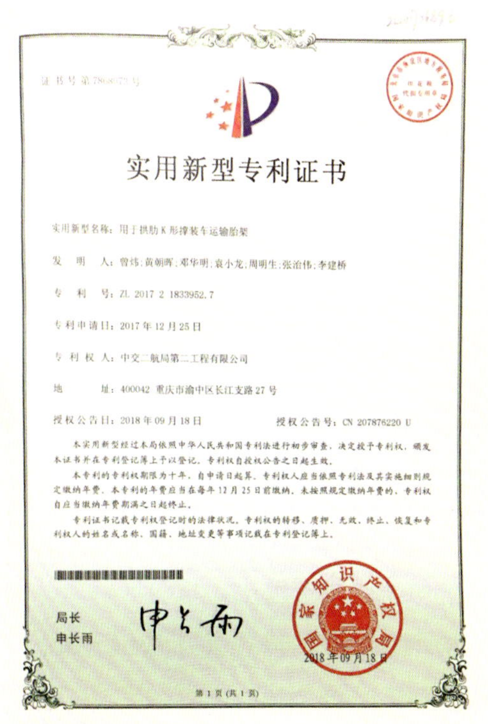

实用新型专利证书

实用新型名称：用于拱肋K形撑装车运输胎架

发　明　人：曾炜；黄朝晖；邓华明；袁小龙；周明生；张治伟；李建桥

专　利　号：ZL 2017 2 1833952.7

专利申请日：2017年12月25日

专 利 权 人：中交二航局第二工程有限公司

地　　　址：400042 重庆市渝中区长江支路27号

授权公告日：2018年09月18日　　　授权公告号：CN 207876220 U

本实用新型经过本局依照中华人民共和国专利法进行初步审查，决定授予专利权，颁发本证书并在专利登记簿上予以登记。专利权自授权公告之日起生效。

本专利的专利权期限为十年，自申请日起算。专利权人应当依照专利法及其实施细则规定缴纳年费。本专利的年费应当在每年12月25日前缴纳。未按照规定缴纳年费的，专利权自应当缴纳年费期满之日起终止。

专利证书记载专利权登记时的法律状况。专利权的转移、质押、无效、终止、恢复和专利权人的姓名或名称、国籍、地址变更等事项记载在专利登记簿上。

局长
申长雨

2018年09月18日

第1页（共1页）

“用于拱肋K形撑装车运输胎架”专利证书

合考虑各种因素，发明了“拱肋宽大K形支撑运输胎架”——拱肋K形支撑在工厂里加工成整体，而后由加装专用运输胎架的平板车送至实际安装位置。如此，水上运输的困难不复存在，使用起重设备从平板车上起吊也很方便，难题迎刃而解。

“拱肋宽大K形支撑运输胎架”是利用现有材料加工制作的，与平板车上预留耳板或龙骨骨架进行临时固结，具有结构简单轻巧、安全可靠、拆装方便、节能环保等优点。胎架设有一定的倾角，可有效缩减宽大K形支撑占用运输通道的净宽。利用加装胎架的平板车将K形支撑件运至安装位置后，只需常规起重设备便可将拱圈之间的K形支撑平联一次安装就位。这项发明既保证了K形支撑件的质量，又节省了现场的安装时间，充分反映了建桥人的智慧。

47 “柔似面条”的大跨度公铁大桥拱肋如何高精度竖转

针对专用航道桥柔性拱刚度小，横向连接弱，长细比非常大的特点给竖转施工带来的难题，中交二航局研制出了超大跨度柔性拱结构智能竖转关键技术与装备。

沪苏通长江公铁大桥的天生港专用航道桥为刚性梁柔性拱桥，跨度为140m—336m—140m，拱圈为三主肋结构。由于天生港专用航道桥的柔性拱刚度小，横向连接弱，长细比非常大（达到500），大桥建设者们戏称其“柔似面条”。经过方案比选，柔性拱施工确定采用竖转法。

“柔似面条”的拱，其转体遇到的第一个难点是拱肋单侧悬臂长度达到160m，重量高达1400t，完全靠柔性扣索体系支撑，结构会发生持续性的不规则抖动，整体稳定性差，对转体系统的承载能力要求很高。第二个难点就是拱肋牵引脱离支架时，钢主梁也会随之变形，必须协调拱肋、钢主梁和支架三者的变形，实现柔性拱的平稳脱离和转体。第三个难点是，由于柔性拱肋刚度较小，若拱肋上前后共6个扣索锚点的张拉力不平衡，将使拱肋产生较大的面外变形，影响定位及对接精度，因此各点的张拉同步要求高。

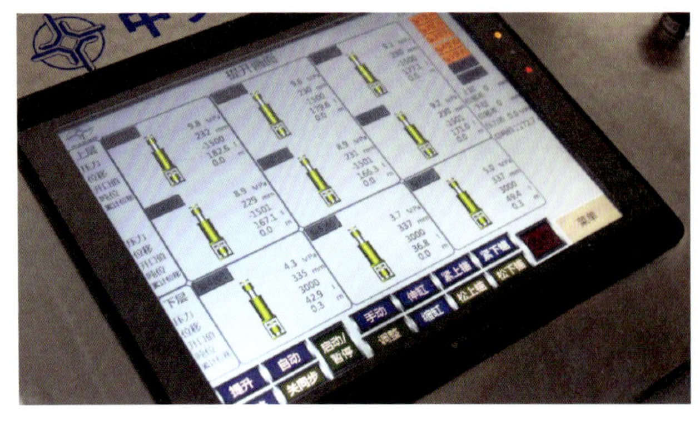

联合竖转控制软件系统千斤顶提升控制界面

针对这些难题，中交二航局多次召开拱肋转体方案研讨会并进行模拟试验，最终研制出了超大跨度柔性拱结构智能竖转关键技术与装备。

柔性拱转体总体方法为：拱肋在钢桁梁上低位拼装，然后通过墩顶钢桁梁正上方的扣挂系统牵引两侧拱肋转体；转体到位后吊装合龙段进行空中合龙。第一步是拆除主梁悬拼的扣索系统，安装拱脚。第二步是在桥面上拼装南侧的支架和拱肋。第三步是拼装北侧拱肋。第四步是安装转体设备和扣索，对主背索进行预紧。第五步是竖转北侧的拱肋，到位后锁定。第六步是竖转南侧的拱肋。第七步是当两侧拱肋精确调整到位后，对合龙口临时固结，吊装合龙段并焊接；然后封固拱脚位置，调整索力，安装吊杆，最后拆除竖转设施。至此，柔性拱转体完成。

拱肋转体施工

柔性拱转体前，对牵引索和背索进行分级加载。加载过程中，将扣塔塔偏量和背索锚固点变形量控制在理论计算范围内，让柔性拱缓慢平稳脱离支架，在保证支撑体系稳定的前提下解决了柔性拱变形大、脱离支架困难的问题。

柔性拱竖转施工中，大桥建设者们研发的三拱肋同步控制技术、主副索协同牵引技术、柔性拱竖转系统，保证了三拱肋同步转体、拱肋均衡受力，满足了多拱肋柔性拱转体的动作同步和精确调位要求。为了对柔性拱结构转体全程的受力状态和姿态位置进行监控，建设者们研发了柔性拱自动监测系统。实现了对拱肋角度、高差和应力的实时监测，确保了施工过程安全可控。

运用上述智能转体技术，建设者们成功地完成了沪苏通长江公铁大桥天生港专用航道桥柔性拱竖转施工。经过实测，拱肋轴心偏差仅为2mm，高差只有1mm，完全符合设计要求。

跨横港沙桥

48 智能设备“群英会”，轻松接招120000t钢梁加工挑战

基于对影响钢结构产品质量和最终成桥质量的重点、难点问题的全面深度分析研究，项目部在关键工序上采用三维坐标测量划线机、双面数控铣镗床、内隔板铣边机等专用工装设备，大幅提高生产效率，保障了大批量钢梁的高质量制造。

沪苏通长江公铁大桥Ⅰ标段施工内容包含主跨336m的天生港专用航道桥、23跨112m简支钢桁梁桥和北岸陆域引桥，钢梁总用量达到120000t。

钢桁梁制作的重点、难点主要集中在焊接质量和焊接变形的控制，以及杆件几何尺寸和孔群精度的把握上。为保证项目钢桁梁制作高标准、高质量完成，项目部就影响钢结构产品质量和最终成桥质量的重点、难点问题，进行了全面的深度分析研究。

重型H形钢生产线

三维划线生产线

数控铣镗床制孔生产线

针对工序特点，按照标准化生产理念进行钢桁梁杆件生产设施的规划、布局。在关键工序上采用专用工装设备，如三维坐标测量划线机、双面数控铣镗床、内隔板铣边机等，实现杆件生产流水线的工装化、机械化。

重型H形钢生产线是杆件生产流水线的重要一环，由1台倒棱机、1台H形钢组立机、5台H形钢焊接机、2台H形钢矫正机及运输、翻转机构组成，工序集中，机械化程度高，实现了标准化作业。

三维划线生产线是杆件生产流水线的关键环节。杆件划线的水准直接影响杆件的孔群精度。三维划线生产线由1台三坐标划线测量机和液压调整机构组成，实现了机械化施工代替传统的手工划线作业，作业标准化，操作简单，划线精度和效率高。

数控铣镗床制孔生产线是杆件生产流水线的最后一个环节。杆件制孔精度对施工质量有着决定性影响。数控铣镗床制孔生产线由1台数控双面铣镗床、液压调整机构和减震工装组成，实现了标准化作业，重复定位精度高；采用高速钻头制孔，制孔精度和效率高，孔壁光洁度高。

大桥的钢桁梁杆件生产实践证明，智能化设备运转高效，可大幅提高生产效率，保障大批量钢梁的高质量制造，实现流水线标准化生产，满足100000t级钢桁梁制作的需求。

49 让巨大的钢梁拼装严丝合缝

施工后场的无数次试拼装，以及安装过程中的精细化控制，确保了施工现场钢梁的顺利拼装。

沪苏通长江公铁大桥Ⅰ标112m简支钢桁梁共有23跨，其中跨横港沙联络桥21跨，跨北岸大堤桥2跨；涉及的钢梁杆件拼装工作量巨大。为保证钢梁杆件能严丝合缝地拼装，需在杆件批量生产前，在工厂对钢桁梁进行试拼装，以检验杆件的几何尺寸精度、高强度螺栓孔的制孔精度、接头的匹配精度等。

钢桁梁采用整体试装法在工厂进行试装（试拼装构件见下图所示）。选择有代表性的节段进行主桁架试拼装，试装长度不少于半跨，每生产15孔试装一次。平联、横联桁架各选择有代表性的一个区段进行平面试装。钢桁梁试拼装合格后才能运至现场进行杆件实装。施工后场的无数次试拼装，为施工现场钢梁严丝合缝地拼装在一起筑牢了基础。

要保证钢桁梁的拼装严丝合缝，还需要在安装过程中进行精细化控制。

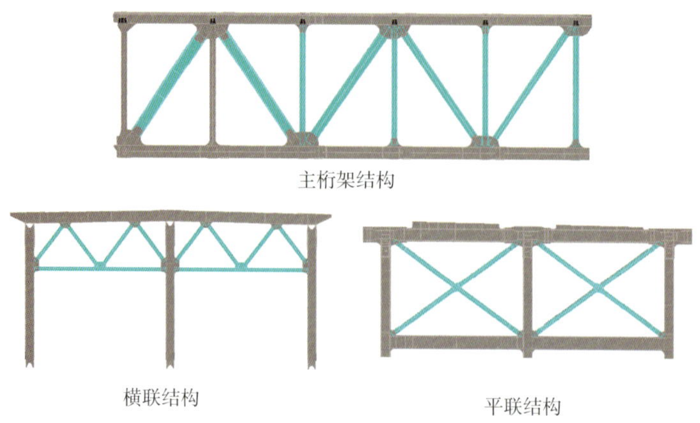

钢桁梁桁架试拼装构件示意

利用专用吊具吊装杆件

杆件安装时，在栓孔基本重合（相错在 10mm 以内）的瞬间将专用工具插入孔内拨正，再微微起落吊钩，使杆件转动，以对合其他螺栓孔。杆件螺栓孔对准后，先在栓孔群边缘螺栓孔打入 4 个定位冲钉，随即安装 4~6 个螺栓并做一般拧紧。然后打入 50% 冲钉和 20% 普通螺栓。松钩后，补足剩余孔眼的高强度螺栓，并做一般拧紧。

将已安装高强度螺栓进行初拧后，把普通螺栓替换成高强度螺栓进行初拧，而后将冲钉替换成高强度螺栓并进行初拧。待初拧都完成后，进行终拧。对高强度螺栓初拧、终拧时，要把握好连接处的螺栓施拧顺序：先由螺栓群中央向外拧紧，再从接头刚度大的部位向约束小的方向拧紧。

通过对钢桁梁制造及安装的精细化控制，巨大的钢梁实现了严丝合缝的拼装。

 钢桁梁架设体系是如何转换的?

简支钢桁梁桥悬臂拼装采用先连续、后简支的施工方法。钢桁梁上墩完成后，解除墩顶临时连接，完成钢桁梁由连续到简支的体系转换。

沪苏通长江公铁大桥的跨横港沙水中区正桥为21跨112m简支钢桁梁桥。其简支钢桁梁悬臂拼装采用先连续、后简支的施工方法。在施工过程中，钢桁梁架设体系的转换是如何实现的呢?

先在第一跨搭设少支点钢管支架；钢梁在支架上拼装完成后，在钢梁前端设置临时连接，锚固钢梁后端，继续向前悬臂拼装第二跨钢桁梁（“1+1”模式）。待第二跨钢桁梁拼装完成，形成两跨连续梁体系后，继续以这两跨钢梁作为配重向前悬臂安装第三跨钢桁梁（“2+1”模式）。第三跨钢桁梁安装完成后，就形成了三跨连续梁体系。这时解除第一跨与第二跨的临时连接，使第一跨钢桁梁变为简支体系。至此，第一跨钢桁梁完成最终安装。重复此步骤，将第二跨、第三跨钢桁梁依次变为简支体系，最终完成112m简支钢桁梁的架设安装。

钢梁支架上拼装

钢桁梁杆件拼装遵循“先主桁，后连接系”“先下后上”“先近后远”的原则。在起始段10号墩旁采用一台3600t·m的塔吊进行前三节间钢桁梁及75t×30m桥面吊机安装。前三节间的钢桁梁杆件安装、高强度螺栓施拧完毕后再进行桥面吊机安装。桥面吊机调试完成

连续体系下钢梁悬臂架设

后，进行支架上标准节段钢桁梁安装。吊机在桥面每走行 1 个节间，站位后完成 1 个节间钢桁梁的拼装。

第一跨钢桁梁安装完成后，在相邻两跨墩顶处焊接临时连接杆件。钢桁梁悬臂架设采用托架安装首节间下弦杆的方案。托架设计成悬挑工型梁结构。下弦杆吊装到位后，直接放到悬挑托架上；解钩后由三向千斤顶进行调位；到位后与临时连接杆件进行焊接。钢桁梁悬臂拼装过程需满足“抗倾覆力矩/倾覆力矩”不低于 1.3 的抗倾覆要求。“2+1”模式下，两跨钢梁作为配重能很好地满足抗倾覆系数要求；“1+1”模式下，在前一墩顶设置临时拉锚，以提供悬拼过程中的抗倾覆力矩。临时拉锚由预埋在墩顶的直径 40mm 的精轧螺纹钢筋和锚梁（2HM588）构成，在中间墩起顶后安装到位。

钢桁梁在“2+1”状态下悬臂拼装上墩（形成 3 跨连续状态）完成后即可进行前两跨墩顶临时连接切除。沿着指定切割线切割墩顶的临时连接，切割完成后进行打磨，然后按照钢桁梁防腐标准对切割位置进行涂装。墩顶临时连接解除后，单孔钢桁梁形成简支状态，钢桁梁由连续到简支的体系转换完成。

51 大悬臂三主桁钢梁是如何优雅上墩的？

技术人员经过认真研究及理论计算分析，提出了三桁分步上墩的新方法，使钢桁梁在最大悬臂、最不利工况状态下减少重量约140t，降低了施工风险。

沪苏通长江公铁大桥简支钢梁架设施工的原始方案，是在悬臂端架设完成第9节间后，桥面吊机站位于第8节间，依次架设第10节间中桁下弦杆和中桁斜杆；在这两根杆件架设完成、形成稳定三角体系后，即可于前端墩顶用千斤顶接住悬臂钢桁梁。架设第10节间中桁斜杆时，大悬臂安装处于最不利工况；此时中间连续墩墩顶区域应力达到最大值。从计算分析情况看，该工况下，上弦杆最大拉应力超过320MPa。此最不利工况钢桁梁架设状态如下图所示。

鉴于此方案下应力水平较高，存在较大的安全风险，为改善最大悬臂状态下的不利工况，中交二航局技术人员经过认真研究及理论计算分析，提出了三桁分步上墩的新方法。

当桥面吊机驻位第7节间时，架设完成钢桁梁第8个节间。而后继续架设第9节间上游半幅（即中桁、上游侧边桁及二者连接系），进而依次安装第10节间中桁下弦杆和中桁斜杆（安装中桁斜杆时为最不利工况）；待高栓施拧到位后，用

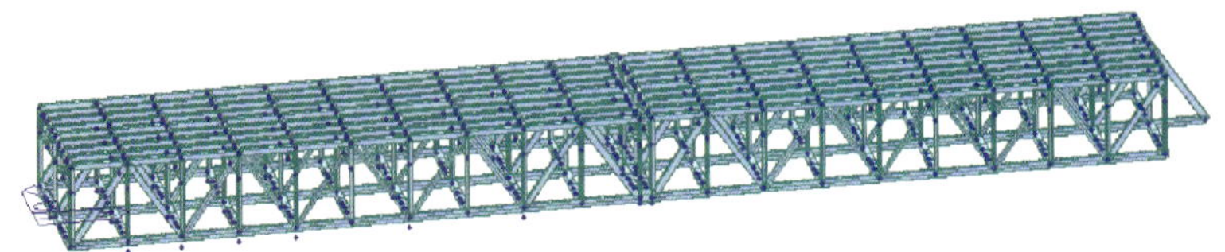

原设计方案大悬臂最不利工况状态

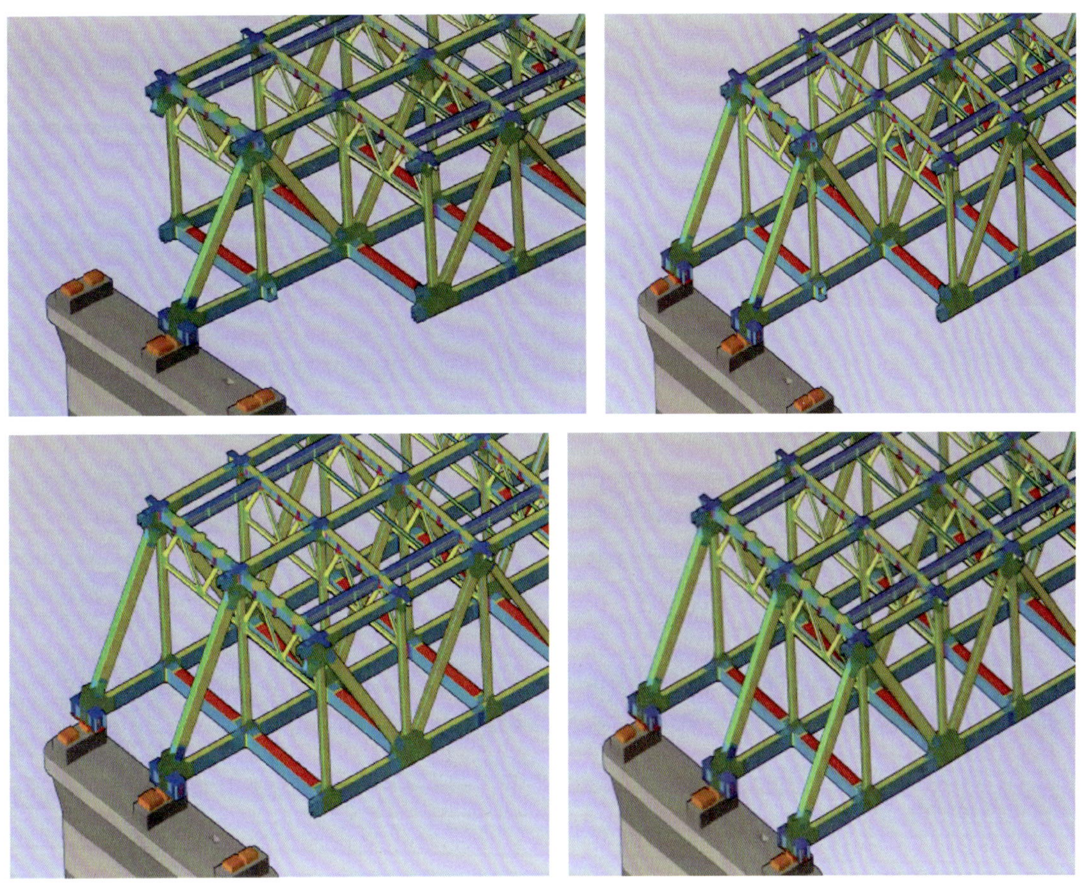

中桁上墩后钢桁梁安装步骤

千斤顶在上墩处顶升第 10 节间中桁前端支点，从而实现中桁上墩。其后，桥面吊机前移至第 8 个节间，进行第 10 节间上游边桁上墩。完成后，先安装第 9 节间下游边桁及其连接系，再安装第 10 节间下游下弦杆和斜杆，进行下游边桁上墩（中桁上墩后钢桁梁安装步骤如上图所示）。

采取以上优化上墩方案后，钢桁梁在最大悬臂、最不利工况状态下减少重量约 140t（即第 9 个节间下游边桁和一半连接系重量）。

这一新方法的应用，显著地减小了钢梁上弦杆最大拉应力，大大改善了大悬臂最不利工况状态，降低了施工风险，真可谓是巧方法办大事。

52 双排支垫协同，实现墩顶钢梁受力显著改善

针对钢桁梁悬臂拼装一般技术方案存在的不足，技术人员提出一种连续墩墩顶双排支垫协同受力自适应系统，改善了钢桁梁悬臂施工时墩顶区域结构的受力状态，降低了施工风险。

钢桁梁悬臂拼装施工工艺目前在桥梁建设领域应用广泛，一般施工方法为：采用支架法拼装第一跨钢桁梁，然后在第二跨钢桁梁与第一跨钢桁梁交接部位设置临时连接，实现临时连续状态，而后在不搭设支架的情况下悬臂拼装第二跨钢桁梁。在第二跨钢桁梁悬臂拼装过程中，在连续墩墩顶设置一排支垫进行支撑。在此情况下，连续墩墩顶处的临时连接部位既需承受钢桁梁大悬臂拼装状态下的弯矩，又要承受悬臂架设钢梁自重引起的剪力。弯剪力的组合对结构体系受力产生不利影响。

针对现有技术方案存在的不足，中交二航局技术人员提出一种钢桁梁悬臂拼装时连续墩墩顶双排支垫协同受力自适应系统。该系统中连续墩墩顶处设置的双排支垫能在钢桁梁悬臂拼

墩顶双排支垫应用位置

墩顶双排支垫

装过程中协调受力，并在最大悬臂拼装状态下，实现两排支垫受力基本均匀，从而改善钢桁梁悬臂施工时墩顶区域结构的受力状态，降低施工风险。

沪苏通长江公铁大桥112m跨钢桁梁架设施工采用该系统取得了较好效果。单跨112m的钢桁梁共10个节间，在第二跨钢桁梁悬臂拼装前5个节间的过程中，在连续墩墩顶仅设置一排支垫进行支撑，即后排支垫。后排支垫采用基本无压缩变形的“刚性支垫”。第5节间悬臂拼装完成后，在连续墩墩顶增设一排支垫，即前排支垫。前排支垫采用“柔性支垫”，能适应少量的压缩变形。此时前排支垫不垫实，支垫与钢梁底面之间留1~2mm间隙。随着钢桁梁继续向前悬臂拼装，前排支垫处钢桁梁持续下挠，从而在悬臂拼装第6、7节间过程中实现前排支垫处自然垫实。此后，前排支垫开始发挥作用，分担连续墩墩顶处钢梁荷载。

随着钢桁梁继续悬臂拼装，前排支垫处所承担荷载越来越大。至悬臂拼装第9节间完成，进入第10节间上墩的最不利工况条件时，前排支垫所承担的荷载达到最大，与后排支垫相当，实现了“双排支垫协调受力”。由此，钢桁梁悬臂施工时墩顶区域结构的受力状态得以改善，施工风险得以降低。

智能建造及运维
BIM技术应用

为正向设计积累了经验。通过BIM模型材料清单与设计图纸材料表互相校核，确保模型和图纸的正确性。基于模型的应用主要服务于设计及施工方案编制阶段，实现技术规划和验证，主要包括7个应用点。一是协同设计，提高设计效率；二是通过实体导出到通用有限元软件，缩短计算周期；三是通过翻模与原设计对比，推动正向设计；四是通过碰撞检查，对施工图进行优化；五是通过三维立体模拟，对设计方案进行比选；六是建立族库，形成数据资产；七是形成标准，推动智能建造。

基于平台的应用是采用Hoops Visualize三维图形引擎，将BIM模型文件转换为Hoops专用轻量化文件格式HSF，解决了BIM模型文件格式不统一的问题，实现模型文件100%无损输出。通过逐层压缩简化、遮挡剔除、透明度质量控制、抗锯齿级别控制、曲线精细度调整、背面剔除控制等手段和模型处理算法，使大体量模型的显示延时平均缩短98.5%，实现BIM管理平台三维模型轻量化展示。基于平台的应用主要服务于建设管理阶段，并向运营阶段过渡延伸，通过打通信息孤岛、完善管理信息集成及交互，实现管理流程的再造；包括基础信息、可视化交底、进度管理、安全质量管理、系统集成和钢桁梁建造、施工监控、健康监测等基础模块和专业模块。

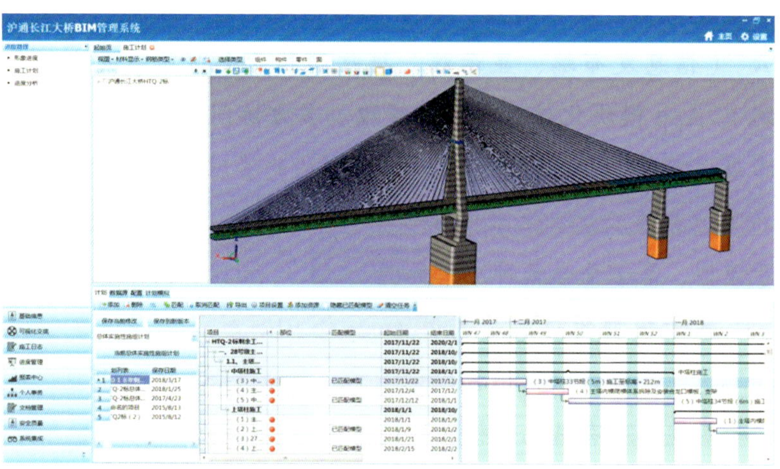

进度管理界面

通用模块中，可视化交底可实现方案、动画等文件的集成管理，具有二维图纸与三维模型视图互相切换，以及对复杂工序施工过程和工艺进行模拟等功能。方案、图纸、模型等资料互相映射，便于作业人员学习和理解，提高沟通效率。进度管理模块，可实现施工进度及计划节点与模型的关联。现场人员通过扫描二维码或手工录入人、机、料等动态信息和影像，可实现直观、全面的施工组织管理。

专业模块包含钢结构 BIM 专项应用及施工监控应用等内容。施工监控应用可将钢桁梁应力、拱肋竖转三维实时动态、斜拉索力等监控数据，以及混凝土拌和站、桥面架桥吊机、数字化焊机、数控切割机等大型机械设备的控制信息与 BIM 管理平台对接，从而实现信息化管控。

沪苏通长江公铁大桥建设的 BIM 应用从 2014 年伊始，经过一年论证孵化、两年试行锤炼、三年优化深化总结，屡获行业协会奖项。2017 年在总结现场应用的基础上，参加了中国图学学会、勘察设计协会、建筑业协会、安装协会四家一级行业协会分别举办的全国 BIM 大赛，荣获三个一等奖和一个优秀奖；2018 年荣获首届“优路杯”全国 BIM 技术大赛综合组银奖。

54 BIM 技术在钢结构制造中的应用

大桥建设指挥部为钢梁制造搭建了以云技术和物联网技术为核心的 BIM 管理系统，通过钢梁的设计制造一体化，实现了钢梁制造过程信息化、智能化，控制精细化，提高了钢材利用率，强化了质量及进度掌控能力。

钢梁加工制造精度高低从源头决定了整节段钢梁架设的成败以及运营安全。沪苏通长江公铁大桥钢梁制造用钢量超过 250000t，体系庞大、材料类型众多且结构复杂。主航道桥钢梁采用节段内两节间全焊接制造、整体吊装架设新工艺，开国内之先河。在这种大节段全焊接的设计形式下，主桥每吨钢梁折合高强螺栓用量仅 3.1 套，远少于已建同类桥梁的高强螺栓用量，大大减少了运营期螺栓延迟断裂带来的行车安全风险。

大桥建设指挥部在钢结构制造中以钢梁制造为核心切入

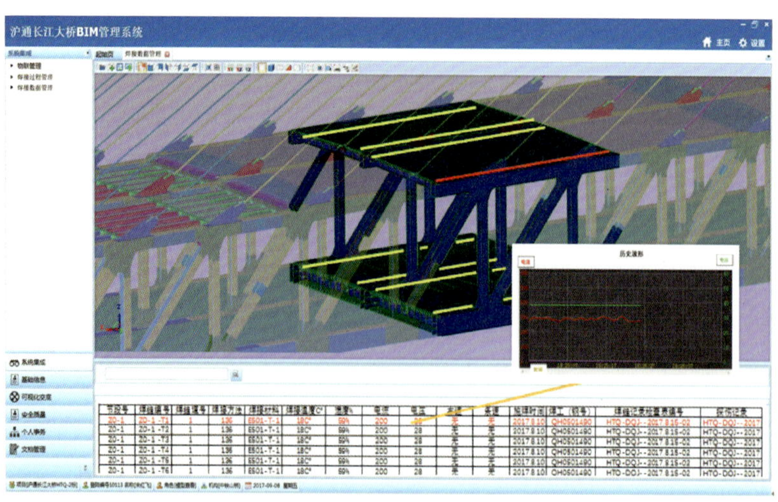

钢梁焊缝质量管理

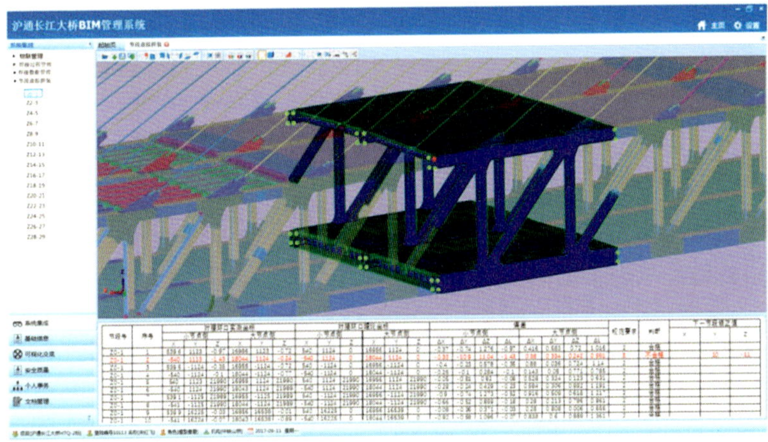

钢桁梁虚拟拼装

点，积极推进BIM技术应用，搭建了以BIM模型为基础，以云技术和物联网技术为核心的BIM管理系统；通过钢梁的设计制造一体化，实现了钢梁下料自动排版、余量添加，通过激光跟踪测量、焊缝信息管理、钢梁杆件管理、虚拟拼装等功能应用，将钢梁制造过程信息化、智能化，控制精细化，提高了钢材利用率，强化了质量及进度掌控能力，提升了钢梁制造的智能化管理水平。

大桥钢梁在多地制造，而依托BIM技术平台，在基础应用模块的基础上，根据工程进展补充开发钢梁制造应用模块，在平台上搭载物联网技术管理、钢梁焊缝管理、虚拟预拼装技术等，不仅实现了多家制造单位异地协同管理，更可对钢梁制造的质量、进度等进行全过程实时追踪，确保了质量和进度达到要求。引入虚拟预拼装技术，节约施工场地，节省了投资。

依托BIM技术平台，具备访问权限的相关单位管理者可随时掌握各地的钢梁制造信息。钢梁施工过程中，通过扫描二维码，可全过程追踪杆件制造、运输、施工状态，掌握进度，合理组织现场施工。一线上传数据实现了统计工作的下沉，数据自动分析则直观地优化了现场管控效率，实现了扁平化模式下异地制造的物联协同管理。将数字化焊机、数控切割机等大型机械设备的控制信息与BIM管理平台对接，实施了信息化施工和监控。

依托BIM技术平台，实现了钢梁焊缝质量管理。对焊接数据进行信息化管理，真实、准确地记录焊接过程信息并自动上传到服务器，关联信息模型，形成“焊缝地图”，减少传统人工测量的资源投入和测量误差，并可在系统三维模型上进行信息的展示，实现关键产品焊接过程的监测和结果可追溯。通过焊缝管理功能，可将钢结构焊接过程中焊机的电流、电压等数据导入平台并分析，实现了异地信息的无缝对接和焊接过程质量控制中的源头追溯能力。通过高精度激光跟踪测量系统，提取构件信息，与BIM模型相结合，可发现关键位置上的制造误差，提高制造精度，实现了大节段钢桁梁尺寸的数字化和信息化管理应用。

依托BIM技术平台，可对大节段钢桁梁进行虚拟预拼装。沪苏通长江公铁大桥主航道桥钢桁梁采用整节段制造，整节段最大重量达1800t。大节段钢桁梁预拼需要较大的场地和起吊、转运设备，投入较大，且拼装效率不高。通过使用虚拟预拼装技术，在钢桁梁制造中对大节段环口的关键性数据进行测量，进而通过数据分析，指导下一阶段组装时的工差控制，从而解决大节段钢桁梁预拼过程中的相关问题，不仅节省投资，也提高了节段拼装效率。另外，通过将大节段钢桁梁数据上传至统一的BIM管理平台，各方进行数据共享，各制造厂根据已有的节段数据，指导下一阶段的拼装，实现了异地协同管理。

依托BIM与物联网技术，实现了多家钢梁制造厂之间的异地协同。BIM与物联网集成应用，实质上是对全过程信息的集成与融合。BIM技术发挥上层信息集成、交互、展示和管理的作用，而物联网技术则承担底层信息感知、采集、传递、监控的功能。二者集成应用可实现全过程信息流闭环，实现虚拟信息化管理与实体环境硬件之间的有机融合。通过

API激光跟踪测量系统

扫描二维码，或者在Web端、手机端上传钢梁杆件信息，可实现对钢梁杆件验收、发运、安装以及运维管理的全过程追踪管理。同时通过物联网的使用，实现了根据现场施工进度适时适量生产，减少产品的库存和运输压力，实现生产和使用的无缝衔接。

55 钢梁构件虚拟预拼装的探索应用

对于将在船舶制造中得到应用的虚拟预拼装技术引入桥梁钢构件试拼装，中交二航局项目部进行了探索：提出了提取螺栓连接桥梁构件特征数据的方法，为复杂的钢桁梁虚拟预拼装提供了可靠的基础数据；研发了虚拟预拼装平台，实现了钢桁梁构件制造精度检验、复杂大节点的预拼装。

大型桥梁钢构件特别是高强螺栓连接的钢构件试拼装是其制造生产必不可少的工序。厂内的试拼装通常需要与现场施工几乎相同的机械设备、足够大的场地，耗费大量的人工，大大增加了制造成本，也制约项目工期。

近年来，随着现代工业测量技术、虚拟现实技术、计算机辅助设计技术等的发展，虚拟预拼装技术逐步完善，在同样存在大量试拼装作业的船舶制造中得到应用。能否运用这一技术解决桥梁钢构件试拼装难题呢？

虚拟预拼装的第一步是利用数字化测量技术进行钢梁构件数据的采集。数字化测量是虚拟预拼装最关键的步骤，其精度直接影响预拼装的结果。《铁路钢桥制造规范》规定试装时焊接钢构件跨度长度允许误差为 ±8mm，对于螺栓连接的构件则要求桁梁主桁和结合梁的螺栓孔能够容许较设计孔直径小 0.75mm 的试孔器 100% 自由通过。由此可见虚拟拼装数据采集精度要求之高。

虚拟预拼装的第二步是进行三维实测特征模型的建立与精度管理。三维实测特征模型，一方面用于与设计的理论几何模型进行对比，另一方面用于虚拟预拼装的可视化展示。

虚拟预拼装的第三步是利用算法进行杆件的对拼计算。算

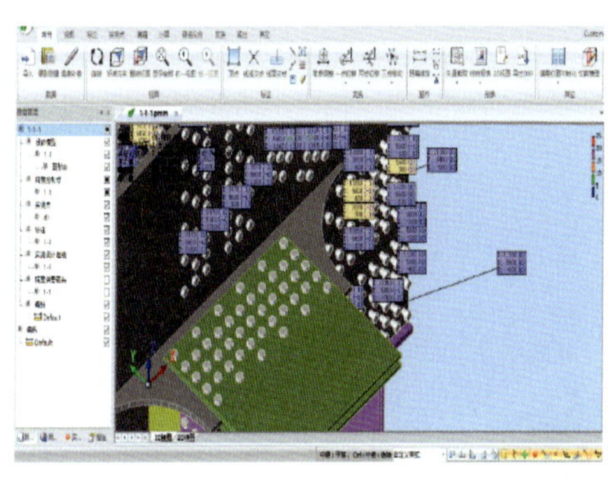
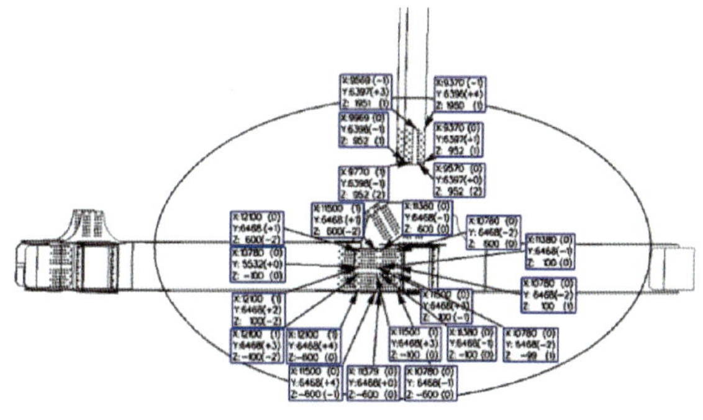

复杂节点虚拟预拼装分析

法搭建是虚拟预拼装的关键环节。沪苏通长江公铁大桥项目结合工厂内实际拼装情况，在软件中对算法和拼装步骤进行改进，先将主杆件的实测值与设计理论值进行匹配分析（最小二乘法），使得实测特征值与理论杆件位置达到最佳，继而固定主杆件位置，而后采用改进广义普鲁克分析法，即计算时对匹配后钢桁梁的特征数据不做调整，仅对拼接板的位置进行调整，计算出各拼接面的误差，验证杆件的制造精度。

大桥Ⅰ标段非通航孔桥为23跨112m简支钢桁梁桥，主桁采用三片桁架结构，中心间距为2×14.5m，中心桁高16m。每跨10个节间，中间节间长11m，端部节间长10.8m，均采用高强螺栓连接。

大桥建设中，中交二航局项目部对虚拟预拼装技术进行了初步探索应用；提出了基于激光跟踪仪提取螺栓连接桥梁构件特征数据的方法，为复杂的钢桁梁虚拟预拼装提供了可靠的基础数据；研发了虚拟预拼装平台，实现了钢桁梁构件制造精度检验、复杂大节点的预拼装。实践中，在钢结构制造厂内选择了三根杆件和部分拼接板进行了测试，采用激光跟踪仪测量系统直接获取螺栓孔三维坐标，绝对精度达0.2mm，单根杆件测试用时20分钟；采用虚拟预拼装软件进行误差分析，结果显示螺栓平面X、Y方向的拼接误差大部分在1mm以内，个别达到2mm。现场安装证实，可以满足安装要求。

施工监控

56 智能监测保障三桁柔性拱肋竖转同步性

中交二航局研发的转体控制平台系统，实现了精确同步的设备自动化与智能化控制；三拱肋竖向转体实时监控平台以实时施工监控数据驱动，实现了转体过程中大桥各个构件实时状态的三维可视化展示，确保了三主桁转体施工的同步性。

沪苏通长江公铁大桥天生港专用航道桥为主跨336m的刚性梁柔性拱桥，目前在世界同类型桥梁中跨度最大。其三桁柔性拱竖转施工没有可以借鉴的工程先例，需要大桥的建设者们自己摸着石头过河。

施工中，如何确保三桁柔性拱转体的同步性是关键问题。由于拱肋跨度大、刚度小，转体过程中三桁同步控制难度大。经计算分析，边、中拱肋高差控制在10mm以内时结构是安全的。为更好地控制三桁高差，中交二航局研发了转体控制平台系统和三拱肋竖向转体实时监控平台。

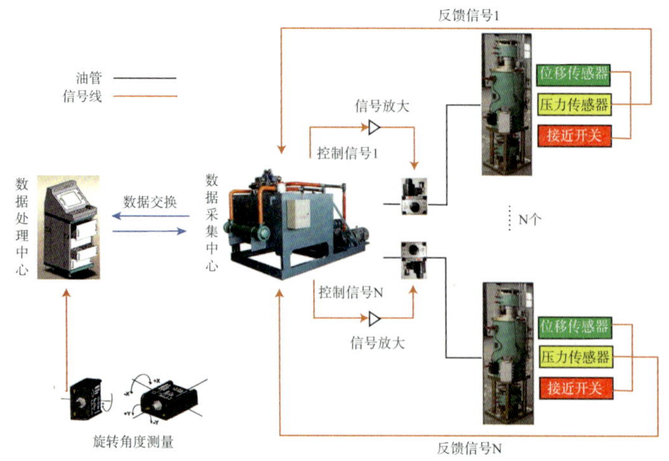

联合竖转控制系统工作原理

一、转体控制平台系统

多点同步液压提升和控制软件平台系统将位移、压力传感技术和锚固动作控制技术应用到设备中，实现了设备的自动化与智能化控制；并利用系统的精确同步进行设备调节和控制，确保了三主桁转体施工的同步性。

量身定制的联合竖转控制系统，可以实时显示和控制三桁高差，随时修正主副索提升速度和超差值，系统误差不大于2mm。控制系统可自动记录和显示任意时刻的三桁高差，将单个行程三桁高差控制在2mm以内，每10个行程与现场测量数据对比修正一次，可将三桁累计高差控制在5cm以内。

二、三拱肋竖向转体实时监控平台

三拱肋竖向转体实时监控平台以动态三维施工场景为展示环境，通过云端读取实时施工监控数据，再用数据驱动模型运动，对转体过程中大桥各个构件的实时状态以三维可视化的方式进行展示。

在三拱肋竖向转体过程中，平台对拱肋各个测点的高程差数据进行分析，并同时将各个测点的高程差曲线与数据列表、三维模型、桥梁立面视角展现在平台画面中，保证了两侧各个拱肋稳定同步转体，使操作人员在平台中对拱肋的转动姿态和构件的受力状态、转体施工的进度等一览无余。

拱肋竖向转体三维实时动态监测系统对转体中关键参数的三肋同步性进行监测，对实现三肋同步的关键控制对象——三拱肋的高差和平联处结构应力水平也进行重点监测。转体施工中，通过基于倾角仪的测试系统实现三拱肋高差监测。倾角仪数据动态驱动模型实时展现现场转体进度，有效地保证了转体过程中结构的同步性。

57 基于图像识别的主塔变形监控

"塔梁同步"施工必须实时掌握桥塔变形情况，根据变形量对桥塔线形进行调整。传统的人工观测、人工记录难以满足施工要求。大桥建设者们基于单目视觉测量高频变形量，实现了对主塔位移的远距离、实时、高精度、自动化测量，确保了"塔梁同步"施工过程中，始终将塔偏控制在精度允许范围以内。

沪苏通长江公铁大桥29号桥塔塔柱的建造与主梁拼装同步进行，桥塔线形控制、索力控制、主梁线形控制相互耦合，使得施工测量和控制难度大大增加。

主梁拼装及斜拉索张拉过程中，桥塔两侧受力很难完全相等，桥塔必然存在纵横向变位，对主塔施工造成极大影响。施工过程中必须实时掌握桥塔变形情况，根据变形量对桥塔线形进行调整。

塔梁同步施工过程中，桥塔大部分时间均处于"动态"过程。对结构的变形测量需要满足"动态"下的高频测量需求；考虑到结构变形的时效性，测量数据需要实时获取，传统的人工观测、人工记录难以满足施工要求。

在29号主塔承台顶面布置测量仪器，基于单目视觉测量高频变形量，通过计算机实时预览、抓拍、连续保存图片，再经

过后续处理即可实现对待测点静态位移和动态位移，以及实时数据和曲线观测的支持。通过记录桥塔顺桥向、横桥向变形和扭转变形，实现对主塔位移的远距离实时高精度测量，有效测量距离超过 300m，测量精度不低于 1mm。由此，实现了测量过程自动化、数据传输信息化、测量结果可视化、测试数据动态化。

经过实践检验，29 号主墩塔梁同步施工过程中，塔偏一直被控制在精度允许范围以内，验证了这套基于图像识别的主塔变形监控系统的稳定性。

58 不眨眼照看 12 万 t 钢梁杆件吊装的“眼睛”——实时智能监控系统

为保证钢梁杆件安装的施工安全，Ⅰ标段项目部研发了桥面起重机实时监控系统，实现对起重机的动态控制、远程管理和即时报警等，有效降低了施工风险。

沪苏通长江公铁大桥Ⅰ标段施工项目钢梁总用量达120000t，采用杆件散拼安装。承建的中交二航局项目部共投入 6 台全新的全旋转桥面起重机用于钢梁杆件安装。桥面起重机的性能和管理水平对钢梁安装的安全和进度起着决定性的作用。为保证安装过程的安全施工，项目部研发了桥面起重机实时监控系统，可实现对起重机的动态控制、远程管理和即时报警等，全程保障钢梁的正常架设。

桥面起重机监控布置

此桥面起重机安全监控系统的结构分为现场管理层、数据传输层、远程管理层三层。

一、现场管理层

桥面起重机安全监控系统的现场管理层由力矩限制器、工业平板计算机和监控系统软件组成，具有数据采集和分析、运行状况显示、数据存取和查询等功能。通过各类传感器可采集力矩限制器的重量、角度、风速、超载报警信号和大风报警信号，编码器的起升高度数据，各种限位开关信号，各机构运行信号，摄像头信号等。采集后的数据输入操作室安装的工控机，由工控机对数据进行处理。

二、数据传输层

在电信运营网络信号覆盖的地域，桥面起重机安全监控系统可使用电信运营商3G/4G网络进行传输。在信号微弱的地域，采用大功率无线网桥，将终端设备连接至互联网，也可实现现场的数据传输和高清视频信号的传输。

三、远程管理层（远程监控系统）

桥面起重机安全监控系统的远程管理平台可通过网页进行浏览，根据管理用户的职能设置不同的访问和控制权限等级。管理人员可以在任何地方上网对所有设备进行监控与管理，查看现场实时运行数据，查询运行状况和故障信息等。

远程监控系统能够实时监控桥面起重机吊重、吊幅等重要起重参数，实时监控卷扬机刹车是否运行正常；一旦运行起重参数超标或刹车异常，将自动报警。同时，系统还会将以上监

控数据实时反映到架桥机操作界面和后台监控界面中，便于操作人员和管理人员及时掌握桥面起重机安全状况。

每台桥面起重机均安装了三台摄像头，用于对桥面起重机及安装作业面进行监控。通过无线网络传输数据，可在后台大屏幕上实时展示现场作业画面，使管理人员能够远程清楚了解现场作业情况。而且监控信息能够储存、追溯，因此可随时调

研分析施工功效、作业人数等指标。

桥面起重机实时监控系统就像一双明亮的“眼睛”，使管理人员能够时刻关注钢梁架设施工过程，从而又快、又准地对问题精准定位并解决，有效降低了施工风险，为施工的顺利进行提供了重要保障。

59 基于卫星观测数据的沉井基础长期沉降监测

大跨度索支撑桥梁的桥塔基础不可避免存在沉降变形，常规人工监测存在工作量大、误差累积和观测周期长等不足。基于 GNSS 卫星观测系统建立的桥塔基础沉降变形监测系统，为实现快速、准确、实时的基础沉降监测提供了数据支撑。

随着全球卫星导航系统（Global Navigation Satellite System，GNSS）的不断发展，特别是高采样频率接收机的出现，卫星定位系统在高层、大跨桥梁和高铁轨道静动力响应监测中得以应用，并使卫星定位系统监测铁路桥梁超高桥塔基础的沉降成为一种可能。

大跨度索支撑桥梁的桥塔基础不可避免存在沉降变形，影响结构受力。采用常规人工测量方法进行监测，存在工作量大、误差累积和观测周期长等不足，难以满足快速准确实时监测基础沉降的目的。为此，沪苏通长江公铁大桥的建设者们基于 GNSS 卫星观测系统，建立了桥塔基础沉降变形监测系统，为实现桥塔基础沉降观测提供数据支撑。

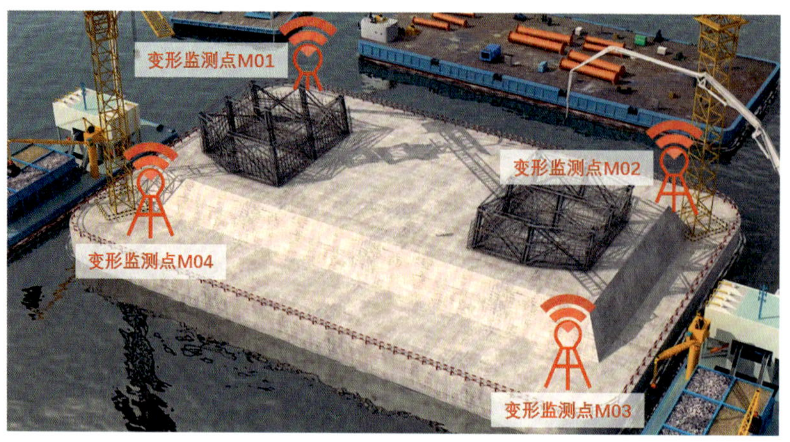

测点安装

测点

基准点

在沪苏通长江公铁大桥主跨承台四个角点各布置一台HWA-BM-300型双频接收机，可同时采集GPS卫星和BDS卫星信号，采用GPS+BDS数据解算法。基准站设置在南岸营地内（距离测点2km范围内）。营地内已建设有测量放样时使用的GNSS基准点；在基准点的钢管桩顶部与原有天线并排架设基准站天线（相互无干扰），采用无线传输和太阳能供电，建设独立的承台变形监测基准站。

卫星沉降监测数据采集的时间范围为2018年3月14日至2019年6月27日，起止点分别对应精密水准测量工况塔柱第6节浇筑后和第54节浇筑后（主塔封顶）及Z18~Z19、Z67~Z68节段钢梁双悬臂架设工况，其间共进行63次人工测量。GNSS高精度设备每5秒发送一次数据，软件4小时一次解算成果数据。GNSS接收机在一天内可接收4颗以上卫星数据，满足三维定位需求。

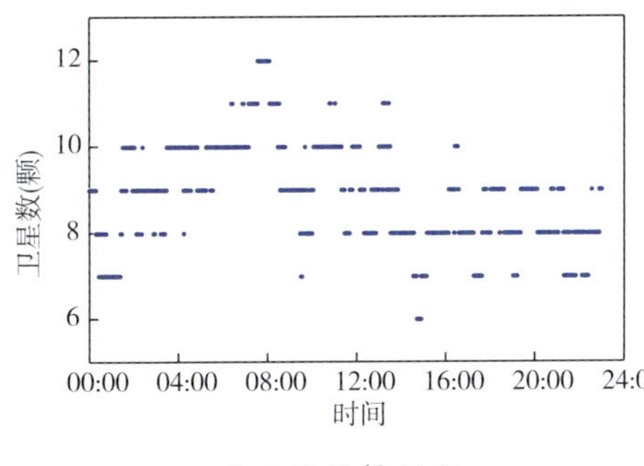

卫星信号接收数

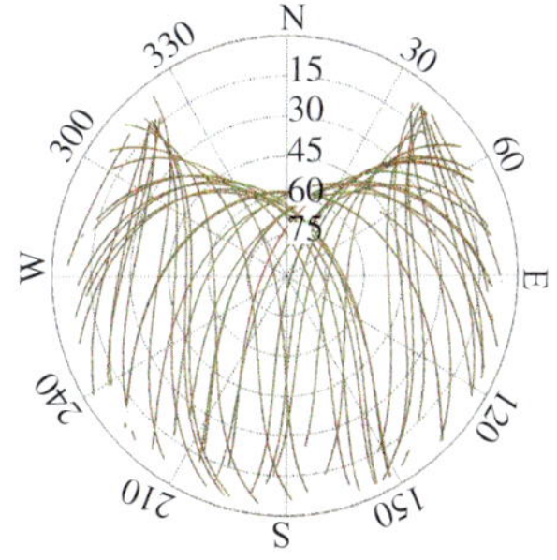

卫星轨迹天球图

运营期智能检测监测

60 桥梁健康监测系统，安全运营的守护神

环境、桥梁、轨道、行车监测四位一体，307 套智能传感器遍布全桥重点部位，大桥健康监测系统对影响桥梁安全的病害、风险实时“把脉”。海量监测数据的压缩存储、特征参数提取和信息融合展示，为养护人员直观呈现大桥服役现状，为大桥的安全运营保驾护航。

沪苏通长江公铁大桥是沪苏通铁路、通苏嘉城际铁路及锡通高速公路的交通咽喉，如何在运营期保障大桥的安全，减少台风、地震、船舶撞击等对大桥造成不利影响？参照人体的神经系统，工程师们设计了一套环境、桥梁、轨道、行车四位一体综合监测的大桥健康监测系统。系统在大桥主塔、主梁、斜拉索、支座等各个重点部位安装有风速风向、大气温湿度、雨量、斜拉索索力、主梁振动加速度等 20 种智能传感器，共计 307 套，可实现对影响桥梁安全的病害、风险实时“把脉”。

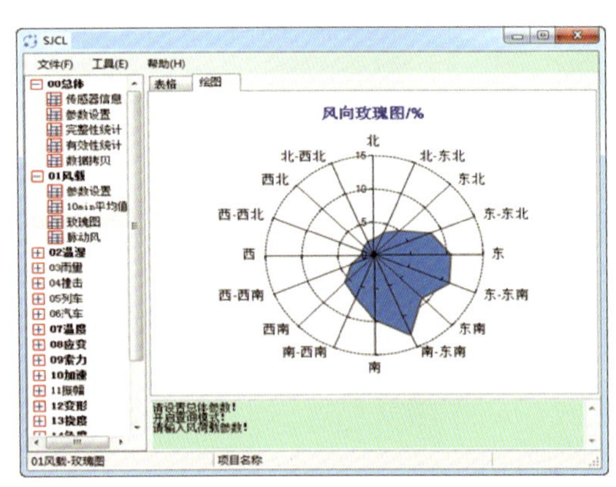

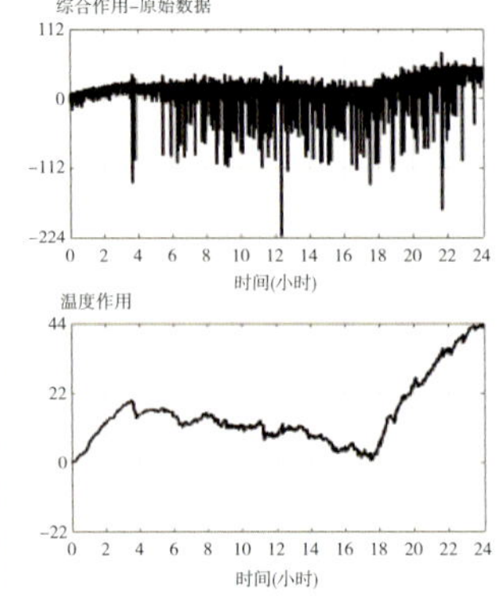

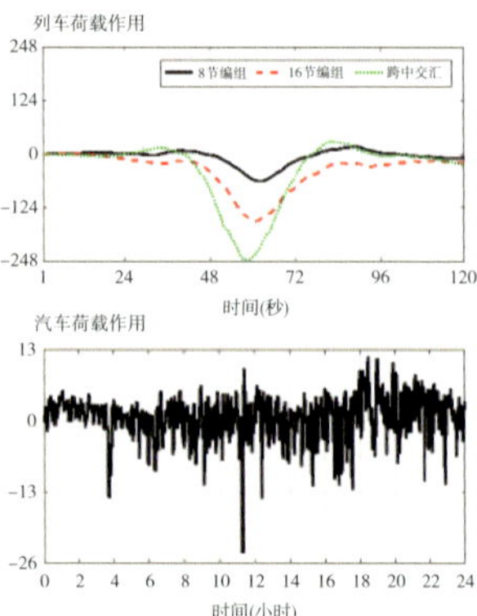

海量监测数据挖掘分析

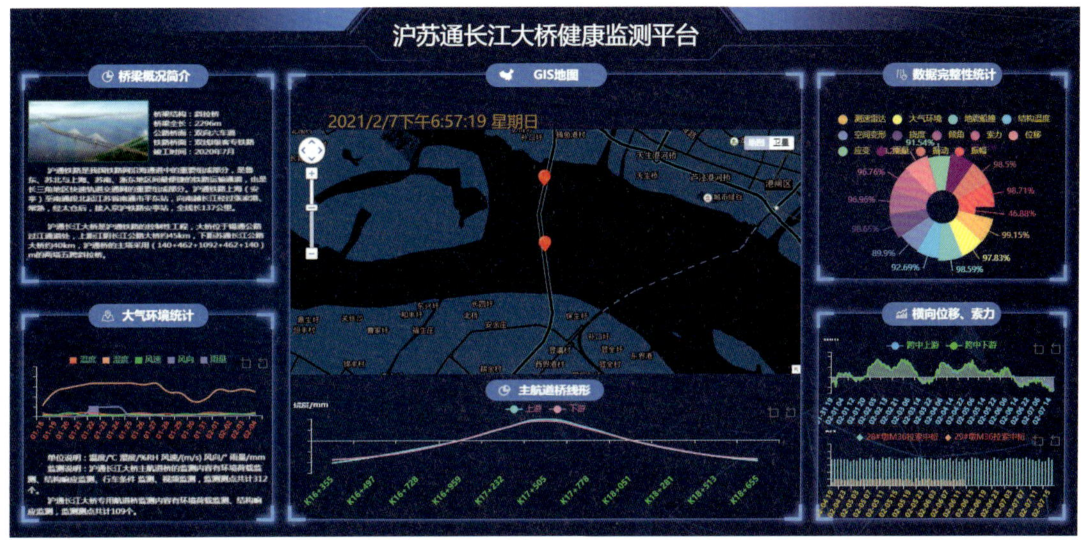

大桥健康监测系统综合展示页面

然而，智能监测设备的安装仅仅是系统建设的一部分。大桥结构复杂，智能监测设备种类繁多，系统1天采集的数据量约为10GB，是一般特大桥梁健康监测系统数据量的3倍。若直接对周期性的数据进行遍历展示，不但会加大系统资源消耗，还会造成使用者的困惑。为系统设计一个“大脑”，使之能在海量监测数据中筛选有效的信息，让养护人员能够快速读懂大桥的“健康状况”，成为系统搭建的关键。工程师们研究资料发现，健康监测系统99%以上的海量监测数据反映的是大桥在正常运营期间周期性的变化结果，只有台风、船舶撞击和结构异常等状况的信息才是需要养护管理者重点关注的。对需要重点关注的信息进行数据挖掘的过程有点像是“大海捞针”，这是行业内普遍存在的难题。

为了突破这一关键技术瓶颈，大桥建设指挥部联合参研、参建单位对监测数据的分析评定进行了深入研究。

工程师们将监测数据的采集分析过程划分为三个阶段，首先是海量监测数据的压缩存储。原始监测数据是大桥的“脐带血”，在正常情况下，看不出有多少实用价值；但是在大桥发生损伤后，通过比对分析原始监测数据追溯大桥病害的诱因，是大桥病害诊断的基础。工程师们将各类原始监测数据转化成二进制格式，实现格式的标准化处理，实现了1/20，甚至1/60的数据压缩率，即1天10GB的原始数据，无损压缩存储的占有量仅为170MB～512MB。

其次是海量监测数据的特征参数提取。根据荷载作用的频次不同，对20余类监测数据进行风荷载、温度、列车荷载、汽车荷载作用分离，提取不同荷载下的特征值，即可形成大桥状况的“晴雨表”。以1Hz的频率采样1天的原始数据，经挖掘分析后仅保留约200个特征参数，有效信息量约7.4MB。

最后一项任务是信息融合展示。通过数据挖掘分析得到的大桥“晴雨表”还不够直观，查找信息的过程像是“翻字典”。因此，需要针对系统的应用场景，进行多维度信息组合展示，形成易于被人接受的可视化图表。以大桥监控值守为例，将桥

健康监测系统可视化模块

健康监测系统App

梁概况、桥址环境、系统状况、大桥线形、索力等特征参数进行汇总，可以让养护人员直观了解大桥服役现状。

针对出现的异常状况，可以通过系统的三维及视频可视化页面调取公路桥面、铁路桥面、航道的视频监测信息，排查表观异常。

同时，工程师们开发了手机App。通过手机App可以随时随地掌握大桥工作状况；当监测结果超出阈值时，可在告警列表模块中查看报警事项；及时发现结构安全方面的潜在隐患，无处不在地“守护”大桥安全，为大桥的安全运营保驾护航。

61 线桥一体化检测监测

大桥在运营期间，受温度、风等复杂环境及列车荷载影响，桥梁和轨道均存在明显变形。大桥的线桥一体化检测监测工作通过建立线桥长期检监测数据的处理算法，形成线桥一体化评估关键技术，建立千米级铁路桥梁—轨道系统状态评定标准，分析长期检测监测数据的变化趋势，得到了长期运营条件下桥梁—轨道系统性能劣化特征，为探索大桥故障预测和健康管理技术奠定了基础。

线桥一体化检测监测是一种从桥梁和轨道运营状态中获取检测监测数据，然后对线路和桥梁进行整体有效评估的过程。进行线桥一体化检测监测的目的是检测结构中是否发生损伤以及损伤程度与位置，对突发情况进行预警，并利用长期监测数据对线路桥梁状况进行评估。而铁路桥梁的整体监测系统，既要包括桥梁子系统，也要包括轨道子系统。只有完整的系统监测才能更好地反映桥梁整体受力情况，才能更好地支撑对结构整体进行评估。

沪苏通长江公铁大桥作为世界级的千米跨度铁路桥梁，运营期在温度、风等复杂环境及列车荷载作用下，桥梁和轨道均存在明显的变形，并对行车存在直接影响。由于大桥采用有砟轨道，而千米级桥梁的道床阻力和轨道竖向刚度缺少实测数据，业界对桥梁线形和轨道线形之间的相关性缺乏研究，因此需针对运营期的桥梁—轨道系统状态开展线桥一体化检测监测。

沪苏通长江公铁大桥的线桥一体化检测监测包括以下工作：基于长期监测数据，得到外部环境和列车荷载作用下的沪苏通长江公铁大桥线形变化规律；得到千米级铁路斜拉桥的竖向及横向挠跨比、转角等的通常值，制定其合理评价标准及阈值指标；考虑温度、风等外部复杂环境作用对桥上轨道几何形位的影响，提出了轨道实际线形条件下的千米级公铁两用桥的线—桥耦合振动特性，评价了大桥的结构响应；根据桥梁健康监测数据，建立了线桥长期检测监测数据的处理算法，提出了线桥一体化评估方法，形成线桥一体化评估关键技术；在线桥一体化评估基础上，从保证结构安全、适用、耐久，以及行车安全和平稳的角度出发，制定了线桥状态关键评价指标的合理阈值，建立千米级铁路桥梁—轨道系统状态评定标准；分析桥梁—轨道系统长期检测监测数据的变化趋势，得到了长期运营条件下桥梁—轨道系统性能劣化特征，为探索沪苏通长江公铁大桥的故障预测和健康管理技术奠定了基础。

62 大桥公路养护体系

以“现代养护”理念构筑起一套完整的大桥公路养护技术，建立信息化养护体系、桥梁长期健康监测系统，维护桥梁设施，保证行车安全畅通，并通过对原有结构和附属设施有计划的改善和增建，提高桥梁的使用质量和服务水平，从而实现桥梁结构全寿命期的安全保障。

沪苏通长江公铁大桥属于公铁两用超大跨径特殊结构桥梁，在建造过程中采用了多项新技术、新材料和新工艺，以主体结构安全为主的桥梁运营安全质量对保障公路、铁路安全通行具有特殊重要意义。为了加强大桥公路养护技术管理工作，提高桥梁公路养护技术和服务水平，目前，公路养护行业中主要推行现代养护理念，即将传统的“管、养、查、修”延伸至“建、管、养、查、评、修、研”，形成一套完整的养护技术，从而实现桥梁结构全寿命期的安全保障。

一、养护工作的主要目的

养护工作的主要目的有三，第一是维护桥梁设施，保持桥梁结构各组成部分及相关设施处于健康完好状态，最大限度地减少或避免桥梁各组成部分的损坏，及时发现并修复受损部件，保证行车安全畅通，使车辆能以规定的速度安全、平稳和不间断地运行。

第二是根据交通运输需要和设备技术状态，有计划地对原有结构不完善的部位以及桥梁附属设施进行分期改善和增建等整治、加固和大修工作，提高桥梁的使用质量和服务水平。

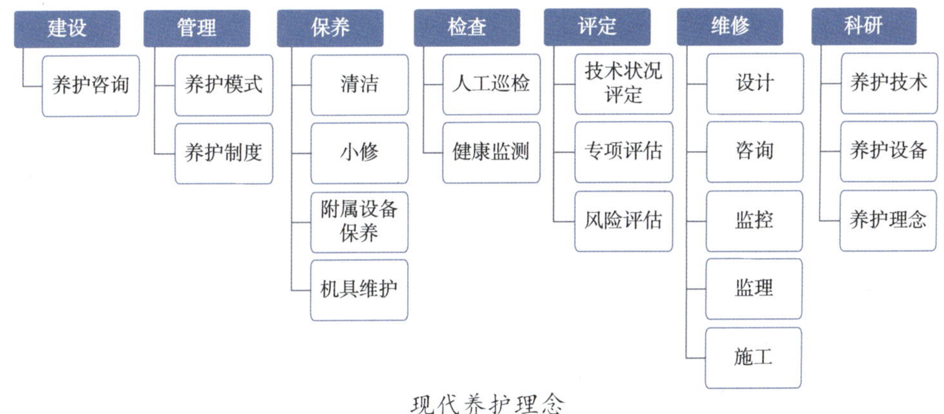

现代养护理念

第三是掌握桥梁结构各组成部分的技术状态，汇集和完善其技术与管理资料，为养护维修和日后可能发生的维修提供必要条件；在维修养护过程中做好原始记录，为桥梁维修养护和安全评估提供依据。

二、信息化养护体系建立

建立大桥养护基础数据库，保存各类基础数据和养护检查数据。

改善大桥各种结构物病害数据采集的作业方式，统一格式、要求并使用统一的编码，提高作业效率和数据采集的准确性。解决现有养护资料保存、查询、使用、备份困难的局面。

统一养护数据的管理，提高使用效率和资料完整性，便于数据的更新。加强桥梁病害管理工作，以病害为对象，建立起生命周期劣化模型，实现对病害发展的全过程管理。

规范日常技术工作，编制统一的技术工号，培养人员形成良好的信息化工作习惯和工作方法。

建立起桥梁养护质量指标数据库，针对不同的性能状况制定出养护对策，实现量化养护。

应用系统分析方法，综合考虑技术、经济、社会和政治等方面的因素，协调桥梁的各项养护管理活动，促进桥梁养护管理过程的程序化、系统化和科学化。

三、桥梁长期健康监测系统

为满足沪苏通长江公铁大桥养护管理的需求，根据大桥实际情况，制定了大桥健康监测方案。桥梁长期健康监测系统，是一个以桥梁结构为平台，应用现代传感技术、通信和网络技术，优化组合桥梁的结构监测、环境监测、交通监测、设备监测、综合报警、信息网络分析处理和桥梁养护管理各功能子系统为一体的综合监测系统，能够实时监测桥梁在各种环境、荷载等因素作用下的结构响应，并能有效地提供桥梁养护管理的科学依据，显著提高桥梁的整体管理养护水平，从而最大限度地确保桥梁竣工通车后的安全运营，根据积累的结构信息预诊断桥梁病害，并在及时养护维修的基础上延长桥梁的使用寿命。

大桥健康监测系统主要监测内容包括环境温湿度、梁端位移、钢结构疲劳应力、结构振动、桥墩倾斜、钢梁竖向位移、视频共7大类监测数据。对原始数据直接展示不但会耗费大量系统资源，且对于管养的实际应用也是没有必要的。指标管理的目的在于对通过监测数据获取到的信息进行优化，以服务于现场管养需要的形式进行集中展示。除视频监测目前无法获得定量的监测结果外，其余关于环境、结构变形及受力特性等的监测结果都能定量地反映运营安全状态，并为后续针对性运维工作提供重要参考依据。为提高监测结果的信息化程度和应用水平，针对各类监测结果提取特征信息，并进行关联分析后，从指导管养应用的角度对有效信息进行集中展示；当某一个指标出现异常时，进行闪烁或者高亮显示。

面向运维的附属结构设计与管理

63 永不松懈的守望者——大桥主动防撞预警系统

对存在撞桥风险的船舶发出警告；就已经发生的撞桥事故及时向桥梁管理单位发送报警信息，避免发生二次事故。大桥主动防撞预警监测系统在实船撞击试验中实现了主动监测、自动预警、准确报告撞击事故，为桥梁防护提供了科技支撑。

沪苏通长江公铁大桥跨越我国东西水运大动脉，桥位处通航密度大，通航船型包括10万吨级散货船、5万吨级集装箱船、2万吨级油船、1000吨级江轮以及远期的4.8万吨级大型散货船驳船队等，复杂多样。大桥要跨越这样一条货运量位居全球内河第一的黄金水道，建设、运营安全和船舶通航之间的矛盾比较突出。若通航船舶因偏离航道撞击桥梁，可能会引发桥梁整体位移，严重危及铁路行车安全，造成严重的经济损失，产生恶劣的社会影响。为此，大桥建设指挥部联合中国铁道科学研究院、中铁大桥院以及地方海事局等单位，探索集主动、被动防撞于一体的桥墩防撞技术；为沪苏通长江公铁大桥的主墩、边墩、辅助墩分别设置了一套复合材料制成的防撞设施，配置了智能主动防撞预警系统。

主动防撞监测是保障桥梁安全的有力手段，与被动防撞设施合理搭配使用，可为铁路桥梁的安全运营提供有力保障。沪苏通长江公铁大桥主桥设置的智能主动防撞预警系统由桥梁防撞监测模块、牌号信息采集模块、视频采集模块、报警模块以及集成管理平台组成。预报警模块采用现场声光报警、VHF电台报警以及手机短信、手机App等预报警方式，构建多方式、可靠的综合报警体系。基于B/S模式设计开发的集成管理平台，其 Web 应用和数据服务独立部署，预留跨网穿越接口。整个系统具有自动化、模块化、全天候、成本低、实时性高等特点，可有效提高对船只撞桥风险的预警能力，协助人员进行避撞决策，减少操作失误。

当出现船只撞桥风险时，智能主动防撞预警系统可以提前对船只进行预警，使船长及时调整航向，降低发生撞击的概率或减轻撞击后果；还能够及时向铁路管理部门发送碰撞报警信息及桥梁墩体的碰撞情况，避免次生事故的发生。

考虑到大桥工程及航道实际情况，监测系统主要针对主航道 26 号 ~31 号桥墩进行不间断实时主动防撞监测预警，监测范围可覆盖 25 号 ~32 号墩之间。

主动防撞预警监测系统主要具有事前预警和事后报警两大功能，对于存在风险的船舶实行事前预警，对于已发生的撞桥事故实行准确报警。二者的关注点有所不同，因此设计参数也相应地有所不同。

事前预警即对存在撞桥风险的船舶（如偏航、超高的船舶等）进行警告，通过 VHF 电台、声光报警等方式提醒操船人员采取措施避免撞击桥梁。考虑到船舶调整需要时间，为保证预警的及时性，综合既有的监测技术，要求系统的监测距离达到 3km，并能自动调取视频进行跟踪。

事后报警是指对已经发生的撞桥事故采取的报警措施，主要是及时向桥梁管理单位发送报警信息，避免发生二次事故，以保证行车安全。事后报警对报警信息的准确性及时效性均提出了很高的要求。这是因为一旦报警，桥梁管理部门需要调动相关应急部门，甚至需要干涉行车；若是误报，必然会造成不必要的资源浪费，也会影响运输秩序。当然，更不允许出现漏报。

发生撞桥事故后，相应的报警信息（如报警位置信息、现场图片、撞击过程视频等）应及时发送到桥梁管理单位，为后续工作提供科学依据。结合既有的监测技术，要求监测距离达到距离桥梁200~300m以上即可，但监测精度要达到厘米级，监测范围可覆盖整座桥梁发生风险的区域，系统响应时间达到秒级。

为验证智能主动防撞预警系统的可靠性，沪苏通长江公铁大桥的建设者们进行了实船试验。他们在试验撞击的31号桥墩上设置了一套主动防撞预警系统（主要由激光扫描监测模块、视频监测模块、船舶自动识别系统、报警模块及系统控制平台组成），对撞桥试验的全过程进行了记录，并

模拟了相应的预警和报警工况；结合试验情况制定了预报警策略：

（1）试验船舶距桥墩 300~500m 期间，系统实现 VHF 电台警示。

（2）试验船舶距桥墩 100~300m 期间，系统实现 VHF 电台警示，视频监测模块自动跟踪试验船舶。

（3）试验船舶距桥墩 5~100m 期间，系统实现声光报警及 VHF 电台警示，视频监测模块自动跟踪并记录试验船舶运行轨迹。

（4）试验船舶距桥墩 0~5m 期间，系统启动应急程序，根据船舶与桥墩距离进行准确判断，并通过系统控制平台推送报警信息。

（5）在试验船舶距离桥墩 500m 时，系统通过船舶自动识别系统（AIS）自动获取试验船舶位置坐标及船号等信息，并自动实现通过 VHF 电台对船舶发送警示信息。

（6）在试验船舶距离桥墩 300m 时，系统可通过激光扫描模块实时获得试验船舶迎桥方向的外轮廓及其位置坐标（监测精度可达 3cm 以内），并进一步自动调动视频监测模块对试验船舶进行跟踪。

（7）在试验船舶距离桥墩 100m 时，系统自动启动声光报警，并开始通过视频监测模块记录试验船舶运行轨迹。

（8）在试验船舶距离桥墩 5m 时，系统自动启动应急程序，并进一步根据船舶与桥墩距离准确判断出撞桥事故，同时将相应的撞桥过程视频、照片及位置信息发送出去。

在整个实船试验过程中，主动防撞预警系统实现了主动监测，在试验船舶进入不同风险区域时自动采取相应的预报警措施，并在最终撞击后发出准确报警，实现了主动防撞预警系统的设计初衷，为桥梁防护提供了科技支撑。

64 1800mm 轨道伸缩调节器及其监测

钢轨在温度变化作用下将会产生巨大的纵向力，造成胀轨跑道、断轨。大桥设置了有助于释放轨道因温度变化而产生的涨缩位移，在梁缝处为列车提供连续支承，保证高速列车运行安全的钢轨伸缩调节器和梁端伸缩装置；并配套了长期监测系统，实时监测其工作状态是否正常。

对于沪苏通长江公铁大桥这座超千米跨度的斜拉桥，如果按照常规铁路桥梁铺设无缝线路的做法，则钢轨在温度变化作用下将会产生巨大的纵向力，造成胀轨跑道、断轨等现象。在主桥的梁端将钢轨断开，设置钢轨伸缩调节器与梁端伸缩装置，可以明显降低钢轨伸缩附加力的影响，保证千米级桥梁上轨道状态的稳定。钢轨伸缩调节器简称温调器，由尖轨、基本轨、扣件和轨枕等组成。调节器尖轨锁定，基本轨可纵向伸缩，通过尖轨或基本轨的相对位移即可消化钢轨随温度变化的胀缩，确保无缝线路和桥梁结构的稳定，并为列车提供连续的轨道结构。

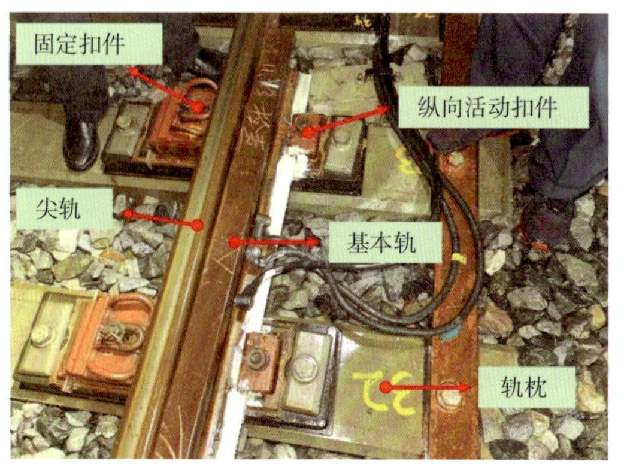

沪苏通长江公铁大桥的钢轨伸缩调节器

沪苏通长江公铁大桥的梁端伸缩装置

对于大跨度桥梁而言，当梁缝较宽时，为了能使钢轨得到连续、均匀的支撑，保持梁缝范围内轨道的平顺性，还需要在梁缝处设置梁端伸缩装置。梁端伸缩装置由纵梁、活动钢枕、剪刀叉、轨枕和扣件等组成。

沪苏通长江公铁大桥采用专项设计的 SA60-1800B 型钢轨伸缩调节器，设计伸缩量为 ±900mm，允许动车运营速度为 250km/h；采用钢轨伸缩调节器与梁端伸缩装置一体化设计，其上承式梁端伸缩装置包含 4 根纵梁（钢轨外侧两根纵梁宽 340mm、钢轨内侧两根纵梁宽 120mm）、4 根活动钢枕、半副型剪刀叉。主桥两端每线铁路各设置 1 组钢轨伸缩调节器。

钢轨伸缩调节器和梁端伸缩装置一体化的设置，有助于释放轨道因为温度变化而产生的涨缩位移，在梁缝处为列车提供连续支承，保证高速列车运行安全。

考虑到沪苏通长江公铁大桥采用的大位移钢轨伸缩调节器为关键设备，且位于空间变位非常复杂的梁端区域，大桥的建设者们专门针对钢轨伸缩调节器配套了长期监测系统，主要监测内容为：

位移监测，具体包括对基本轨及尖轨纵向位移、纵向支撑梁位移、梁缝伸缩量、可动钢枕间距和偏转角度、两侧梁端轨枕纵向位移、钢梁的水平状态、钢梁移动端与轨枕上表面之间垂向间隙的监测。

温度监测，包括气温、轨温、梁温监测。

应力监测，即轨枕连接板纵向应力监测。

监测系统传感器布置如下图所示。图中SU1为钢轨纵向位移传感器，SU2为钢梁位移感应式接近传感器，SU5为钢轨和桥梁温度探测器，SU6为测量钢枕纵向位移的传感器，SU7为测量轨枕连接板纵向应力的传感器，SU8为测量轨枕纵向位移的传感器，SU9为测量钢梁与轨枕间隙的传感器，SU10为测量钢梁水平状态的传感器。

钢轨伸缩调节器是轨道的薄弱位置，也是日常养护维修的检查重点。监测系统通过7×24小时不间断地对钢轨伸缩调节器的关键数据进行采集监测，实时验证其工作状态是否正常，确保设备的运营安全。监测系统采集的完整、精确且连续的运营状态数据将为维修部门制定科学的养护计划提供依据，提高设备的可用性。

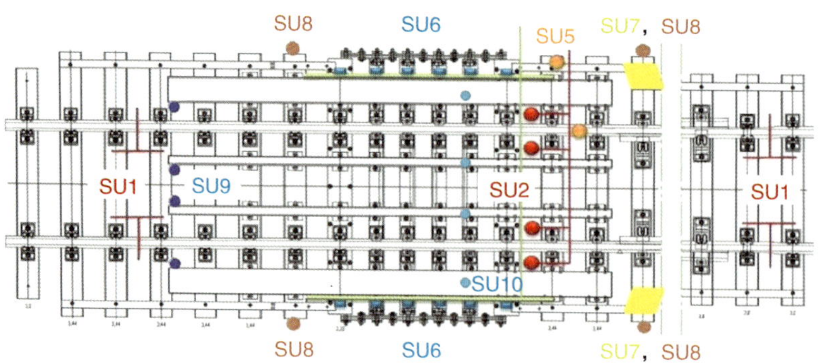

传感器布置图

65 一个顶五个的新一代桥梁检查车

运营期需要及时、准确、高效地检查大桥是否存在病害及隐患。既有的铁路钢梁检查车操作不便，且工作于铁路限界内，会给大桥运营后的检查工作带来诸多困难。大桥建设指挥部组织力量研发了新型检查车，使所需检查车数量由原设计的 80 台降低为 14 台。

沪苏通长江公铁大桥两岸大堤间四线钢梁长达 5.8km。由于钢结构会受到环境腐蚀，且大桥承受的交变载荷会在钢结构受到腐蚀后进一步加速结构退化，因此应及时、准确、高效地检查桥梁的各种病害以及存在的隐患。为给桥梁检修人员提供作业平台，使检修人员能安全、快速、高效地进入作业位置进行检查作业，必须设法解决既有的铁路钢梁检查车操作不便，且工作于铁路限界内，会给大桥运营后的检查工作带来诸多困难的问题；根据沪苏通长江公铁大桥的结构特点和技术、性能要求，研发专用的检查车。为此，大桥建设指挥部组织相关部门和生产企业进行了新型检查车的产品研发并开展模拟操作走行试验，优化检查车的结构和性能。

新型检查车设计包括三方面关键内容。

一、上弦检查车走行结构设计

根据全桥结构特点，上弦检查车的车体纵向布置，具备纵向行走及通过变轨实现横向行走检查的功能。纵向轨道单侧布置于桁外，纵向轨道和横桥向轨道的转换装置设置在检查车上，从而减少了上弦轨道布置的数量。上弦检查车设有上、下两套驱动机构。上部驱动机构连接专用轨道，专用轨道下部安装下部驱动机构。两套驱动机构分别负责纵向行走和横向行走功能，互不干扰。由于上弦检查车具备车体伸缩通过斜腹杆、跨越伸缩缝的功能，检查车的配置数量得以减少。

二、上弦检查车翻转平台设计

对于公铁两用大桥上弦节点板的检修，业内通常采用上弦检查车下放吊篮至节点板处进行检修的方式；但该方式存在吊篮在工作人员工作时晃动较大的问题。为减小作业平台的晃动，减少工作人员的恐惧心理，沪苏通长江公铁大桥上弦检查车采用翻转平台设计。当检查车在桁内检查作业时，翻转平台向下翻转，用于对横联节点的检查；当检查车在桁外侧面检查作业时，翻转平台既可以向上翻转也可以向下翻转，便于检查车上、下方的节点板。

三、上弦检查车绕塔技术开发

沪苏通长江公铁大桥上弦检查车采用桁外侧面纵向行走、横向移动检查的方式对整个上部结构进行检修；但由于桥塔区域纵向通道被混凝土桥塔占用，检查车须绕过桥塔。基于两套驱动机构上下布置，上部的驱动机构具备纵向行走功能，下部

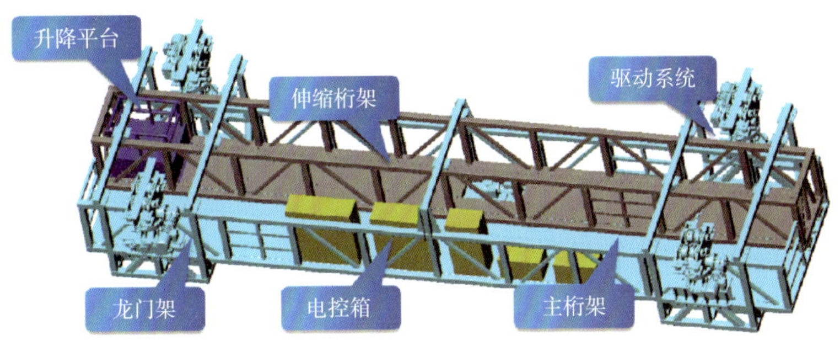

检查车形式

驱动机构具备横向行走、回转功能的设计，绕塔技术得以研发成功：检查车通过上部驱动行走到桥塔区域后，下部驱动机构与横向轨道对齐，继而与上部驱动机构分离；然后下部驱动机构带动检查车主桁架横向行走至旋转轨道处，回转行走方向，实现纵向行走；如此由下部驱动通过几个钢桁架节间后，再次进行行走方向回转，行走至桥塔另一侧设置的另一套上部驱动机构处与之结合，完成整个桥塔区域的绕塔。

新型检查车主要工作于铁路限界外，主要受力构件服役寿命与大桥相当，采用纯电驱动，为下一步无人自动检查车的研发奠定了基础。此外，检查车还配置了断电情况下的手驱动系统，且具备同步走行、PLC 自动控制、车体伸缩、吊篮折叠收放等功能。双层驱动设计使检查车可以实现在桥梁外部顺桥向转移，以及快速变轨、横桥向进入横梁内部检查的功能。由此不仅扩展了每台检查车的作业范围，使之可在纵、横向轨道间自由转换，而且实现了检查车行走速度和行走方式自动控制。沿钢梁配套设置的多处充电站，使检查车走行距离大大增加。新型检查车的研发成功，使所需检查车数量由原设计的 80 台降低为 14 台，大幅减少了检修设备的投入，达到了使用最少的设备实现整桥检查范围全覆盖的目的。

在沪苏通长江公铁大桥服务两岸交通的漫长日子里，新一代桥梁检查车将长伴左右，在大桥 1092m 的主跨上走行，在纵横交错的钢梁间穿梭，用车轮一遍又一遍地度量大桥的每一寸、每一厘，呵护大桥的健康平安。

综合保障

66 为大桥体检——成桥动静载试验

检测列车、货物试验列车、综合检测列车、重联动车组轮番上阵，65 节重车编组、96 辆满载汽车联手“施压”。沪苏通长江公铁大桥在严格检测、精准分析下顺利通过“体检”。

为了保证工程交付时大桥“身体健康”，沪苏通长江公铁大桥当然也需要接受“体检”——成桥试验。

沪苏通长江公铁大桥成桥试验主要包含三部分内容：成桥状态检查、动载试验和静载试验。其中成桥状态检查于联调联试前完成，动载试验结合联调联试开展，静载试验最后进行。

动载试验是指在列车行驶过大桥的过程中，测定桥梁在动载作用下的动应变、动位移、竖向与横向振动，以了解大桥结构的动力系数、振动特征（振幅、频率、模态振型、阻尼比）等，据以判断结构在动载作用下的工作状态。沪苏通长江公铁大桥的动载试验中，检测部门先后安排检测列车、货物试验列车、综合检测列车、重联动车组上线，以不同速度进行往返检测试验。在最高等级提速试验中，检测列车跑出 220km/h 的试验速度目标值。

主航道桥静载试验上层公路汽车加载

静载试验是指将试验荷载停于预定加载位置，测定大桥结构静应变、静位移等，以了解结构截面的应力分布、桁梁杆件的实际内力、混凝土梁的中性轴位置、梁跨中点的挠度、活动支座的水平位移等，据以判断结构在静载作用下的工作状态。静载试验

专用航道桥静载试验上层公路汽车加载

静载试验铁路列车加载

针对主跨1092m的主航道桥、主跨336m的天生港专用航道桥展开，进行沪苏通铁路双线加载和公路桥面汽车加载。其中，上行线试验列车采用2辆机车在两端牵引35节重车编组；下行线试验列车采用2辆机车在两端牵引30节重车编组；主航道桥公路桥面加载采用60辆满载汽车，专用航道桥公路桥面加载采用36辆满载汽车。为消除温度影响，试验在夜间至凌晨进行。

这一切，可谓声势浩大！一动一静，多角度、全方面检验着大桥结构性能。最终，经过严格试验，精准分析，沪苏通长江公铁大桥通过了这项特殊的“体检”，为竣工交付献上了一份健康的体检单。

67 实船真撞试验！大桥新式被动防撞装置轻松扛住

大桥能否扛住 10 万吨级船舶的撞击？综合利用多种材料缓冲、吸能特性的多级消能夹层复合材料浮式防撞设施，在原位船舶—桥墩撞击试验中有效减小了撞击力峰值，达到设防目标。

桥梁的被动防撞装置一般是指布置在通航桥梁的墩台周围，用于降低船舶作用于桥梁的撞击力，保证桥梁结构和行车安全的防撞消能装置或元件。沪苏通长江公铁大桥的建设者在进行被动防撞装置设计时，提出了基于性能的设计理念，即针对桥梁结构、防撞装置和船舶分别提出对应的性能需求。由于撞击船舶可能达到 10 万吨级，其撞击能量很大，单纯依靠某种材料无法同时满足刚度和吸能等综合性能要求。因此，针对沪苏通长江公铁大桥防撞需求的特点，建设者们采用了综合利用多种材料缓冲、吸能特性的多级消能夹层复合材料浮式防撞设施。该防撞设施的主体是由外钢围和内钢围组成的箱形结构，外钢围外层设置高分子阻尼元件及外护板，内钢围与墩壁接触侧设置高分子阻尼元件；外钢围外表面敷设聚氨酯夹层板结构；两层钢围之间采用 X 形格构式结构，首部结构空间填充高分子缓冲吸能材料。采用纤维增强复合材料作为钢制结构的防腐层，提高防撞设施抗冲击性能并保证了钢材的耐腐蚀。

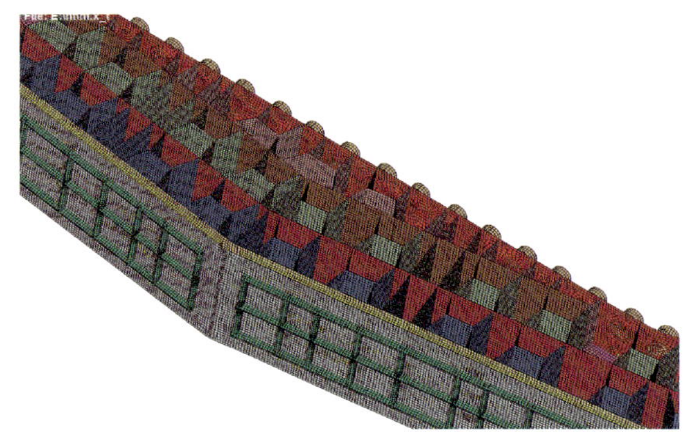

被动防撞装置的首部结构构造

传统防撞装置的内外套箱框架式结构在满足了桥梁耐撞性要求的情况下，往往因为受力传力的不明确导致结

多级消能浮式防撞设施撞击试验现场

构趋于复杂，不仅材料有所浪费，生产工艺也较为烦琐。而钢制套箱首尾部采用X形结构，内部填充压缩性能良好的闭孔芯材，扩大了船舶撞击力的传递范围，使防撞设施整体受力，构件受力更为均匀，不会轻易失效，大大提高了防撞设施的吸能效果，减小了撞击力峰值。

沪苏通长江公铁大桥的主墩，即28号、29号桥墩被动吸能防撞方案采用多级消能夹层复合材料浮式防撞设施后：撞击中船首变形小，船舶得到有效保护；防撞设施在不同撞击工况下变形程度不同，但在最恶劣工况下仍能保持整体结构不断裂；桥墩受船撞力有大幅度的折减，小于自身抗撞力（110MN），达到设防目标；在15万吨级船舶撞击工况下撞击力为54.0MN，满足桥墩防撞需求。

为验证被动防撞装置的消能效果，在沪苏通长江公铁大桥31号桥墩现场开展了原位船舶—桥墩撞击试验。试验结果表明，使用多级消能夹层复合材料浮式防撞设施设防后，在船速1.54m/s、1.78m/s、2.30m/s撞击下对应的桥墩所受最大撞击力分别为458.81kN、691.50kN、1019.35kN；与无防撞设施比（船速1.54m/s情况下），船撞力降低82.2%。沪苏通长江公铁大桥采用的多级消能夹层复合材料浮式防撞设施起到了很好的防船撞效果。

68 为了大桥施工和桥区水域的航行安全

大桥的建设、运营始终与船舶撞击的风险相伴。海事部门在大桥施工期重新划定主航道桥桥区水域、施工水域和桥区船位核对点，并调整桥区航路和航标设置，确保长江航道安全畅通及大桥施工安全；制定专门的规章制度，确保船舶通过桥区水域时落实安全措施，最大限度地保护桥墩安全。

造成桥梁损坏的最大威胁是什么？除了洪水之外，造成桥梁受损或毁坏的最常见的水上威胁，恐怕就是船舶的撞击了。

桥梁作为水上过河建筑，虽然沟通了公路和铁路运输，发展了交通，给人们带来了方便，却也给船舶航行带来了限制，主要包括建设期乃至运营期的航道尺度缩减，不正常的水流和风速、风向，视线遮蔽等，客观上造成了桥梁的建设、运营始终与船舶撞击的风险相伴。而船舶撞桥事故一旦发生，就有可能造成非常大的损失。

沪苏通长江公铁大桥飞架于长江最繁忙的航段——南通水道之上，桥区水域通航环境十分复杂。周边港口设施众多，船舶交通流密集，日均流量超过2000艘次；船型构成多样，高峰流特征明显，本身就是水上交通事故多发水域。大桥建设对水道的占用，以及工程高峰期桥区施工水域内浮吊船、定位船、导向船、钢套箱、施工船、交通船等高达几百艘次的情况，都会严重影响长江航道往来船舶的航行安全。

为保证船舶航行安全，航道管理部门通常会将航道划分为紧邻的5个部分，包括供大型船舶航行的各200m宽的上下行深水航道、供小型船舶航行的各200m宽的上下行推荐航路以及一条100m宽的上下行分隔带。但是沪苏通长江公铁大桥的建设由于同时进行多个桥墩的水下水上施工，占用了整个长江主航道，尤其是在进行两个主桥墩定位锚施工时，造成主航道航宽仅剩不足500m。面对这样的情况，常规的航道划分显然已经无法满足需求。

于是，为了在沪苏通长江公铁大桥主航道桥施工期确保长江航道安全畅通、大桥施工安全以及正确引导船舶安全通过桥区水域，海事部门按照“简化设标、航法清晰、减少会遇、降低影响、统筹管控”的原则，重新划定了沪苏通长江公铁大桥主航道桥桥区水域、施工水域和桥区船位核对点，并调整桥区航路和航标设置：在两个主桥墩之间设置约700m宽的航道，在航道北侧500m宽水域设置深水航道，包括各200m宽的上下行通航分道和中间100m宽的分隔带；在28号墩北侧约200m外设置了200m宽的上行推荐航路，下行小型船舶沿下行通航分道边缘行驶。此方案在保证深水航路满足标准的前提下，充分利用桥墩间通航水域，做到了大船小船分流。大桥施工结束，水面施工区域拆除后，海事部门再次对两个主桥墩之间的航道进行了微调，恢复了下行通航分道，保证了来往船舶拥有足够的航行空间。

此外，为了确保船舶通过桥区水域时落实安全措施，确保船员在过桥前已掌握桥区航道情况及通航特点，助航标志的相对位置、灯色、闪次及其与桥、岸物标（灯光）在船前进过程中的相对位移，桥区航道内的江水流速、流向及其对船队的影响，各种风向、风力对船队的作用，海事部门制定了专门的规章制度。例如，《长江江苏段船舶定线制规定》要求船舶在桥区水域加强瞭望，确保船况良好；特殊船舶通过桥区前必须向船舶交通管理中心报告动态乃至申请引航护航。为最大限度地保护桥墩安全，海事部门禁止船舶在桥区水域淌航、并绑航行、掉头、横越和穿越非通航桥孔等。

2014 年以来，长期驻守于沪苏通长江公铁大桥的张家港海事局沪苏通大桥海巡执法大队恪尽职守、兢兢业业地保障大桥施工和营运安全，现场巡航超 11000 小时、260000km，有力保障了超 1000000t 物料顺利到达水上工地，200 万人次工人

安心往返水陆之间和300多万艘船舶安全通过桥区；年均纠正桥区船舶违章行为3000余次，年均实施桥区施工船舶现场检查百余次。

如今，南来北往的旅客在沪苏通长江公铁大桥上俯瞰繁忙的江面，总能看到往来于桥区的各色船舶穿梭如织，却始终能远远地避开桥墩，顺畅通行。

69 工地变身生态园

在建设指挥部“建设和谐绿色大桥”总体目标指引下，大桥建设从制度设计、施工管理，到工艺、工法的创新，全程高度重视对长江流域的环境保护，成就了共抓大保护，不搞大开发，切实保护好长江流域生态环境，福泽两岸的绿色施工典范。

沪苏通长江公铁大桥建设之初，建设指挥部就提出了“建设和谐绿色大桥”的总体目标，制定了一系列有关环境保护和水土保持的规章制度，并且采取了多种行之有效的措施，将绿色、环保的理念贯穿于大桥建设的始终。

在施工阶段，项目部积极推行工厂化施工。钢沉井、锚碇、钢模板、墩身人行步梯、钢围堰、钢梁等全部委托地方专业化钢结构加工厂制造。混凝土节段梁、槽形梁、桥面板和预制构件由混凝土预制场集中预制，提高了节能减排效果。

通过创新施工工艺和工法，提高作业效率、缩短水上施工时间，从而减少施工过程中对水域面积的占用，减少施工噪声，大大降低了施工对水域环境和生物资源的影响。同时采取有效措施维护施工区域生态和谐，全力打造生态文明工程，创造了一个长江生态保护的样本。

加强临时工程建设管理，强调临时工程（包括临时加工场地、职工生活区建设等）在保证使用功能的前提下，尽量利用建设用地、工业用地。对少量必须占用基本农田的临时场地，指挥部提前介入，积极协调地方相关部门办理基本农田置换，在保护基本农田的同时，保证了工程顺利进行。施工前及时对红线范围内和临时工程范围内的表层土进行剥离，用于驻地、实验室、预制厂和施工便道两侧的绿化。施工单位委托专业园林绿化公司对驻地、预制厂等临时场地进行景观设计，栽种景观苗木、播撒草籽或铺草皮，打造绿色项目。部分单位还在驻地的空地种瓜种菜，一方面为职工在下班后体验农村生活提供场所，一方面为食堂提供绿色有机蔬菜。

为了保护和改善生活环境与生态环境，防止由于建筑施工造成污染和扰民，保障建筑工地附近居民和施工人员的身体健康，促进社会文明的进步，施工单位将建筑施工现场的环境保护工作列入项目管理达标考核，落实岗位责任。考虑到大桥南岸建设大桥公园，北岸建设大桥养护工区的情况，为了使大桥建成后，桥下环境与当地自然及人文环境相适应，优化铁路桥梁养护工区生产生活环境，大桥的设计、施工单位邀请地方园林设计单位结合地方规划，对南岸大桥公园范围和北岸大桥养护工区范围桥下进行园林绿化设计，打造绿色和谐的大桥景观。为营造良好的施工环境、提高大桥建设的环保意识，指挥部打破传统的全线交工前进行绿化的做法，要求施工单位将桥下绿化工作前移，对桥梁下部工程组织分段落平行施工，在每一段桥墩施工后及时进行桥下绿化施工，加强绿化维护管养，对枯死的苗木及时补种；不仅把大桥建成了绿色和谐工程，也为建桥职工提供了绿色的健身休闲场所。

在施工场地周围，对非硬化区域进行全面绿化；采用草坪和盆栽相结合的绿化形式，选用易于保养、生命力较强、价格较便宜的植物。为了防止江水冲刷导致水土流失，影响岛堤的结构稳固，在堤坝上每隔6m种植一棵垂柳。安排专人负责工地绿化物的保管，确保经常为绿化物浇水、施肥，严禁人为破坏绿化物。为了防止扬尘污染，各单位设专人负责工地保洁，对硬化道路和栈桥随时清扫、洒水，并且统一对建筑垃圾、生活垃圾及时处理。施工中产生的污水、泥浆经二次沉淀处理达标后方可排放。

此外，大桥建设过程中还聘请第三方机构在施工区域设置水质监测点，对长江河床、水文、泥沙等情况进行动态检测，确保各项监测数据合格。加强对长江渔业资源和水生动物保护，采购各种鱼苗100多万尾，进行增殖放流，对保护长江渔业资源、修复生物多样性起到了重要作用。

从制度设计、施工管理，到工艺、工法的创新，沪苏通长

桥下绿化

江公铁大桥建设，全程高度重视对长江流域的环境保护，对施工中有害环境的因素进行辨识、评价，采取针对性控制措施，将施工中有害环境因素的影响降到最低，成就了共抓大保护，不搞大开发，保护好长江流域生态环境，福泽两岸的绿色施工典范。

70 工匠精神铸就“精神之桥”

唯有胸怀“敢为人先”的精神，才能以“高、大、新”的技术创造世界桥梁史新纪录；世界级桥梁工程，是建设者“执着专注、精益求精、一丝不苟、追求卓越”精神的丰碑！

伟大的时代催生伟大的工程，伟大的人民孕育伟大的精神。沪苏通长江公铁大桥这一世界级的桥梁工程，在以其“高、大、新”的技术特点创造世界桥梁史新纪录的同时，其广大建设者的“执着专注、精益求精、一丝不苟、追求卓越”的工匠精神也铸就了一座在新的征程上开创美好未来的“精神之桥”。

党的十八大期间，国铁集团为助力长三角经济带发展提速，充分利用过江通道桥位资源，以“敢为人先”的精神提出了建设世界首座跨度超千米的高速公路、普速铁路、高速铁路“三合一”公铁两用斜拉桥的重大决策。强大的综合国力和科研实力是建造这样一座世界级桥梁的底气。

大桥由素享“建桥国家队”之誉的中铁大桥局、中交二航局负责建造，共有设计、科研、施工、监理、制造等400余家单位、20000余人的产业工人队伍参与建设，汇聚了桥梁建造上下游最优秀的设计、建设、施工、管理团队。广大建设者自信自强、守正创新，克服欧美国家的技术封锁和材料垄断，不仅研发出了中国人自己的Q500qE高性能“争气”钢和7mm直径2000MPa锌铝镀层钢丝等新材料，而且摸索出一套中国人独有的新技术、新工艺、新设备，实现了“四个国际领先、五个世界首创”。

强大的综合国力、恢宏的建设场景、艰辛的探索历程，鼓舞着广大建设者将“执着专注、精益求精、一丝不苟、追求卓越”的工匠精神铸就在长江之上。每年一届的“桥韵杯”摄影比赛，记录了广大建设者的奋斗历程;《虹起长江口》征文集、《大江飞虹》诗集、《虹耀华章》书画集抒发了广大建设者的建设豪情;14项工法、65项专利、166篇科技论文承载着广大建设者的报国之志。

大桥开工以来,建设团队共有1人荣获全国五一劳动奖章,17人荣获火车头奖章,6人荣获江苏省五一劳动奖章,14人荣获南通市五一劳动奖章;1家单位荣获全国五一劳动奖状,1家单位荣获火车头奖杯,6个集体荣获江苏省五一劳动奖状,2个集体荣获南通市五一劳动奖状;3个集体荣获中华全国总工会"工人先锋号"荣誉称号,19个集体荣获江苏省总工会"工人先锋号"荣誉称号,15个集体荣获南通市总工会"工人先锋号"荣誉称号。

沪苏通长江公铁大桥不仅仅是世界公铁两用桥千米级跨度的里程碑,是人类超越自我、征服自然,探索更快、更高、更强境界的新成果,更是我国从"中国制造"走向"中国智造",从"富起来"走向"强起来"的重要标志,是新时代产业工人勇于战胜一切风险挑战,执着专注、精益求精、一丝不苟、追求卓越,为实现中华民族伟大复兴提供坚实物质基础的精神结晶,必将为推动我国桥梁建设事业贯彻新发展理念,构建新发展格局,推动高质量发展,推进科技自立自强和实现交通强国的奋斗目标提供重要精神动力。

沪苏通铁路开行一年来，

每天通过沪苏通长江公铁大桥图定开行

动车组列车 74 对，

货物列车 6 对

2021 年，沪苏通长江公铁大桥

日均车流量达 4.1 万辆，

最高峰达 10.1 万辆

促进了周边城市旅游业、

物流业的高速发展

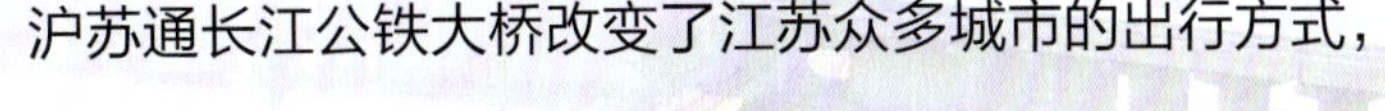

沪苏通长江公铁大桥改变了江苏众多城市的出行方式，

优化完善了高速路网结构

江阴大桥、苏通大桥超饱和

通行压力得到有效缓解

日均车流量下降均超万辆

无锡到南通只需 40 分钟

南通人坐城际高铁 1 小时就可直达上海

长三角地区 1 小时城市圈发展再获突破

奖状及证书

全国五一劳动奖状
中华全国总工会
2021年4月

全国五一劳动奖状
证 书
编号:0133

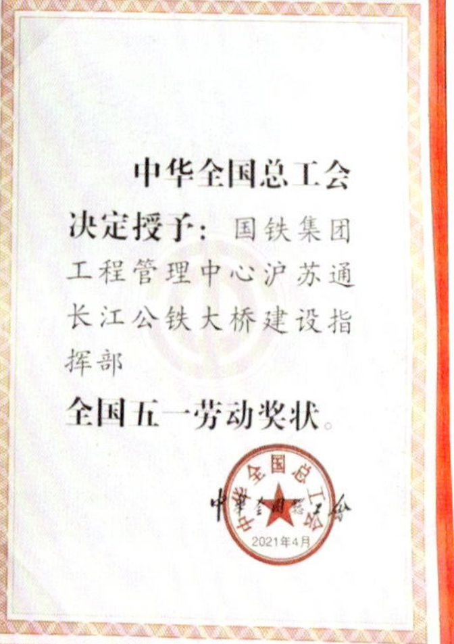

中华全国总工会
决定授予：国铁集团工程管理中心沪苏通长江公铁大桥建设指挥部
全国五一劳动奖状。
中华全国总工会
2021年4月

云上沪苏通

综合篇

大桥宣传片

大桥通车仪式纪实

大桥荣获国际桥梁大会乔治·理查德森奖

“劳动光荣，创造伟大”建桥文化宣传

“桥梁新跨越，时代新丰碑”建设纪实

管理篇

“激扬中国梦，闪耀世界桥”大桥建设管理

“建精品工程，创管理一流”标准化管理

“以标准促创新，以信息促管理”标准化管理

院士咨询会

专家评审会

焊工职业技能竞赛

大桥墩身施工安全动画

部分二维码跳转对象为腾讯视频，推荐使用安卓手机观看

科技创新篇

央视《开讲啦》
访谈解密

主墩沉井
施工纪实

主塔施工

主桥大节段
钢桁梁架设

专用航道桥
拱肋竖转

专用航道桥
桥面起重机
安全监控系统

专利统计

论文统计

工艺工法篇

桩基施工

主桥中跨合龙

专用航道桥
及跨横港沙段
钢梁架设

主桥铁路钢桥面
UHPC 铺装

专用航道桥铁路
钢桥面 UHPC
施工

铁路槽形梁内
防水层施工

主桥公路面
沥青摊铺

专用航道桥
及跨横港沙等段
沥青摊铺

南引桥节段梁
架设施工

文化艺术篇

“星光璀璨
耀大江”——大桥
亮化景观工程

“桥韵杯”
2014年摄影比赛

“桥韵杯”
2015年摄影比赛

“桥韵杯”
2016年摄影比赛

“桥韵杯”
2017年摄影比赛

“桥韵杯”
2018年摄影比赛

“桥韵杯”
2019年摄影比赛

微电影
《桥三代》

“沪通杯”
羽毛球友谊赛

后　记

讲好中国故事，坚定“四个自信”，是时代的主题，是人民的呼唤。

中国桥梁事业的发展，与中华民族伟大复兴走向胜利的征程相伴前行；沪苏通长江公铁大桥作为建桥人勇于探索、创新攻坚取得的世界桥梁建筑史上的又一重大成就，除了世界首创的超千米级斜拉桥成套建造技术，创新应用的工艺工法，科学严谨的管理模式可供业内同仁借鉴、参考外，能否成为广大老百姓了解中国桥梁建设何等自信、何以自信，进而感受中国自信的窗口呢？

能否乘科普成为潮流的时代新风，以相对通俗易懂的形式展现大桥的创新技术、管理成就，让以往隐藏于工程师日常生活点滴细节背后的桥梁知识为行业外的普通人所知，让全社会的“科学技术常识”得到些许增长？

能否让大桥建设者的开拓进取与科学精神，克服困难、解决问题的方式方法所反映出的智慧，启发更多行业、领域的创新灵感；激励更多人钻研、拼搏、有所作为的热情，乃至民族自信和自豪感？

国铁集团党组在2021年工作会上要求认真做好沪苏通长江公铁大桥等新时代标志性桥梁的技术和管理总结，展现铁路建设成就，体现铁路人“交通强国、铁路先行”的使命和担当。为进一步落实党组统一部署，由中国铁道学会、国铁集团工程管理中心牵头，国铁集团机关各相关部门大力支持，大桥建设指挥部组织参建的中铁大桥勘测设计院集团有限公司、中铁大桥局集团有限公司、中交第二航务工程局有限公司等单位的建设者们，编写了《解码沪苏通长江公铁大桥》一书。

编写过程中，国铁集团机关相关司局参与大桥决策，对建设全局有深刻认识的同志、关心桥梁事业的专家及学者，综合考虑行业及社会影响、技术先进性等多方面因素，遴选出最具代表性和传播价值的信息点；大桥建设“一线战斗”的亲历者直接执笔，并在书稿专业技术价值和通俗性的均衡上反复打磨，力求兼顾不同类型读者的阅读需求；曾为大桥的设计建造建言献策、点拨鼎助的专家，为大桥创新的技术价值、行业地位的精准定义把脉、把关，为提升本书的严谨性贡献良多。在此，向所有参与本书编辑制作的大桥建设者和业内外专家、同志们致以诚挚的感谢！

限于成书时间仓促，本书难免存在许多不尽如人意之处，敬请业内同仁，乃至各行各业的有识之士批评指正。唯愿本书，能够稍稍寄托对每一位沪苏通长江公铁大桥建设者辛勤工作的礼赞，能够像沪苏通长江公铁大桥开启公铁两用大桥千米级跨度的新时代一样，为远离公众视线的专业领域面向公众讲好中国故事、激励民族自信作出有益的尝试。

以此，向每一位推动中华民族伟大复兴，一步一个脚印前行、一点一滴重塑民族自信的劳动者们致敬！

编委会

2022 年 3 月